DEVENIR CÉLÈBRE RAPIDEMENT

ISBN : 9781081284985

DEVENIR CÉLÈBRE RAPIDEMENT

Le livre pour faire le buzz !

Samuel Desmoulins

Éditions Voraces

« À l'avenir, chacun aura droit à 15 minutes
de célébrité mondiale. »

– Andy Warhol

DEVENIR CÉLÈBRE RAPIDEMENT

INTRODUCTION

Vous vous demandez comment devenir célèbre rapidement ? Comment faire pour passer à la télévision et être repéré par les grands médias ? Devenir une personnalité connue du plus grand nombre ? Intégrer le show-biz et être adulé par le public ? Réussir à faire le buzz et avoir un max de followers ? Vous êtes au bon endroit.

Avoir un look sympa et une coupe de cheveux farfelue, c'est un excellent point de départ. Mais est-ce suffisant pour se faire repérer dans un supermarché, entre les rayons « hygiène » et « surgelés », par une éminente productrice ou un directeur de casting influent ? Peut-être… mais pas sûr.

Porter des pantalons ultra-moulants, à la taille tellement basse qu'il n'y a même pas besoin de se baisser pour laisser apparaître la raie de son cul, est aussi un bon point de départ.

Mais est-ce réellement suffisant pour intégrer une grosse émission de télévision ? Peut-être... mais pas sûr.

La célébrité est devenue une notion particulièrement étrange. Plus seulement réservée à quelques élus, elle est désormais ouverte à tous.

À la fois accessible et insaisissable, proche et lointaine, commune et extraordinaire, elle peut paraître déroutante pour tous ceux qui la poursuivent sans réellement la connaître.

Voilà pourquoi, dans ce livre, nous allons tenter de faire le point sur les différentes recettes qui semblent en mesure de l'amadouer et ont permis à certains d'avoir droit à une éclosion médiatique rapide et fracassante.

Deux grandes phases pour devenir célèbre rapidement

Étape n° 1 : Le buzz

– Attirer l'attention et sortir de l'anonymat.

Étape n° 2 : La médiatisation

– Être connu du plus grand nombre et devenir célèbre.

Grâce à Internet et aux réseaux sociaux, vous allez pouvoir mettre en place la première étape de la stratégie : attirer l'attention et sortir de l'anonymat.

Ensuite, une fois ce premier objectif atteint, vous pourrez vous concentrer sur la seconde étape : la médiatisation et les différentes façons de l'appréhender afin d'en maximiser les retombées et vous faire connaître du plus grand nombre.

Promesse VS Réalité : le cinglant constat

Si la promesse de gloire et de célébrité n'a jamais été aussi présente, la possibilité d'en jouir est quand même de plus en plus compliquée.

Sur le papier, pas de doute que vous y avez droit. On vous la vend du matin au soir. Abribus, dépliants, prospectus, télévision, Internet, magazines, réseaux sociaux… le rêve paraît à portée de main. Parfaitement accessible.

Tous autant que nous sommes semblons situés à un casting du Graal et de ce fameux quart d'heure de gloire. Du moins, c'est ce que l'on nous fait croire.

Dans les faits, si la promesse est bien réelle, elle est gangrenée par masse de gens malintentionnés, pas spécialement regardants sur les règles à respecter, et jouant rarement leur partition dans les règles de l'art. Bon nombre de saligauds de la gloriole, d'aigrefins de la reconnaissance, de truands de la célébrité encombrent la route, si bien que pour une honnête personne réclamant simplement le dû promis, c'est de plus en plus complexe d'en obtenir le paiement.

Même des valeurs sûres du buzz peinent à fonctionner et à se frayer un chemin jusqu'en top tendances ! De nos jours, un témoignage de fan d'Elvis Presley, sosie de Michael Jackson le jour et de Marilyn Monroe la nuit, passionné de tuning, jaloux obsessionnel, atteint du syndrome de Gilles de la Tourette, collectionneur de godemichets vintage, revendeur de slips usagés volés sur les étendages de son voisinage, champion interrégional de zizicoptère, détenteur du record national du plus grand nombre de noix cassées avec les fesses, strip-teaseur de vocation et échangiste par passion, n'est plus sûr de trouver preneur sur un plateau de télévision.

Alors que ce type de témoignage vous aurait certainement valu des dizaines de passages télé et une enviable couverture médiatique il y a encore quelques années en arrière.

Et si ce n'est désormais plus le cas, ce n'est pas tellement en raison de l'augmentation des critères de sélection, non, bien au contraire, même. Uniquement à cause de la prolifération de la concurrence.

Voilà pourquoi, si vous souhaitez devenir célèbre rapidement et vous faire une place sous les rayons voluptueux des sunlights médiatiques, vous devez être conscient que, même si ce n'est pas impossible, le système dans son ensemble vous survend un brin sa camelote.

En réalité, ce n'est pas si aisé que l'on veut bien vous le faire croire. Plus la moindre place pour le hasard et l'amateurisme. Va falloir la jouer fine et vous préparer à devoir aller chercher votre quart d'heure de gloire, promis et mérité, avec les dents.

Attirer l'attention

Votre premier challenge dans votre quête de célébrité va être de trouver différents moyens d'attirer l'attention sur vous et de devenir le sujet de toutes les conversations. Et croyez-moi, ce n'est pas une mince affaire, mais un défi de taille.

Bien heureusement, l'époque actuelle regorge d'exemples de sombres inconnus venus de nulle part et devenus le centre de l'attention en très peu de temps. En observant de près ces différentes trajectoires, il est possible d'y trouver, si ce n'est des recettes toutes prêtes qu'il suffirait de reproduire, de nombreux points communs qui, lorsqu'ils sont correctement utilisés et agencés, offrent à leurs auteurs de voir leur rêve de succès et de notoriété se réaliser.

Ce chapitre est dédié à la présentation de différents principes permettant d'attirer l'attention rapidement. Nous les examinerons tour à tour en détail, afin que vous puissiez vous faire une idée précise des avantages et inconvénients dc chacun, et ainsi en faire le meilleur usage possible.

CONSEIL N° 1 : OUBLIEZ TOUT CE QUI SOLLICITE LE CIBOULOT

Ne vous trompez pas de bataille dans votre quête de la célébrité. Évitez le hors-piste et fuyez comme la peste tout ce qui sollicite le ciboulot. La caboche et l'intellect sont des voies sans issue pour ce qui est de devenir célèbre rapidement.

Il y a encore quelques années en arrière, je ne vous en aurais pas dissuadé et je vous aurais probablement exhorté à poursuivre ou à reprendre vos études, à travailler dur, à rechercher la maîtrise et l'excellence dans votre discipline.

Aujourd'hui, je ne peux absolument pas me permettre de vous faire un tel conseil. Ce serait contre-productif. Cela équivaudrait à vous envoyer droit dans le mur. Au casse-pipe. Direction l'abattoir. Totalement irresponsable de ma part.

Actuellement, même avec un bac +5, nul n'est sûr de s'en sortir, et pas rares sont les exemples de ceux qui ne trouvent pas de travail et finissent par faire des boulots ultra-précaires.

Si en plus vous visez l'excellence et la reconnaissance dans votre domaine, comptez : une dizaine d'années pour l'apprentissage d'une discipline, une dizaine d'années de pratique pour la maîtriser, et encore une dizaine d'années pour créer quelque chose qui sorte du lot et vous permette de laisser une trace. Putain, ça fait froid dans le dos !

Mais tel est le prix de l'excellence. Si vous n'avez ni le goût ni les moyens de le payer, mais que vous souhaitez malgré tout en goûter les récompenses, mes conseils devraient vous permettre de griller quelques places dans la file d'attente.

Sans compter les conditions dans lesquelles va falloir traverser ces trente piges de galère.

Dans le meilleur des cas, c'est-à-dire celui où votre quête s'associerait à un contrat de travail, ça va se résumer à une paie à peine supérieure au salaire minimum, une maigre complémentaire santé, la prise en charge partielle de votre abonnement de transports en commun, des tickets resto et quelques chèques vacances si vous avez la chance d'avoir un comité d'entreprise efficace. Ça ne fait pas cher payé.

Mais ça pourrait être bien pire, notamment si votre quête d'excellence et de reconnaissance venait à se faire sans le moindre filet et sans contrat de travail digne de ce nom.

Au menu : précarité, misère, mois sans salaire, compte en banque vide, frigo vide, ventre vide, crises d'angoisse sans fin, interrogations sur le bien-fondé de votre entêtement, terreurs nocturnes, anxiolytiques, solitude, dépression, remontrances permanentes de votre entourage, injonctions à vous trouver un « vrai » travail plus rémunérateur… j'en passe et j'en oublie. Franchement, ça ne fait pas rêver.

En tant que personne sans relations et partant de rien, le maximum auquel on puisse prétendre dans le show-biz grâce à son seul ciboulot, c'est gagner un dictionnaire des noms communs dans « Questions pour un champion ».

Face à ce constat, à moins d'être un génie précoce doté d'un don hors du commun – auquel cas vous n'avez absolument pas besoin de mes conseils –, c'est très certainement tout proche de passer l'arme à gauche que vous goûterez au fruit de votre labeur. Si, et seulement si, vous parvenez à faire reconnaître la valeur de votre travail et à en obtenir rétribution. Ce qui est encore loin d'être gagné.

Peu importe la discipline, nombreux sont les pauvres bougres morts dans un caniveau et dans le dénuement le plus total, dont on a découvert le talent et le génie, une fois le Styx traversé et la dernière demeure investie. Chêne massif, acajou ou cagettes, en fonction des moyens à disposition.

Donc bon, si vous n'êtes pas adepte du dénuement et n'avez vraiment pas le goût de vous satisfaire d'une hypothétique gloire posthume, autant aller à l'essentiel et ne pas vous tromper de bataille.

Oubliez tout ce qui sollicite le ciboulot et ne faites pas l'erreur de bâtir votre stratégie de conquête de la célébrité sur le travail, la maîtrise d'une discipline ou l'obtention de diplômes. Si vous vous y aventurez, faites-le pour le plaisir, par passion, sur votre temps libre. Si vous le faites, faites-le pour assurer votre avenir, avoir un maximum d'options, ne pas vous retrouver dans la merde en cas d'échec.

Mais pour ce qui est de devenir célèbre rapidement, un joli minois, un beau fessier, un torse glabre avec abdos apparents, un bon 90C siliconé ou une belle saucisse bien endurante et pas trop regardante, vous offriront probablement plus de débouchés professionnels qu'un master de philosophie.

Avantage(s) : Le faible temps investi vous permettra de tenter votre chance à de multiples reprises et dans divers domaines. Sur un malentendu, ça peut fonctionner.

Inconvénient(s) : La date de péremption. Tôt ou tard, entretien soigné et efficace ou pas, chirurgie pour rajeunir l'ensemble ou pas, votre fessier, votre torse d'apollon, votre sublime paire de loches ou votre belle teub commenceront à se prendre la force de la gravité en pleine tronche, et il vous sera de plus en plus compliqué de faire reposer tout votre fonds de commerce dessus. Lorsque ça arrivera, c'est que le moment sera venu de vous diversifier… à cet instant, ce fameux master de philo commencera à prendre de l'importance, pas avant.

Putain, non ! Par pitié, ne commencez pas ! Sans quoi, ça va être long ! Nous n'en sommes qu'au début ! Comment ça, de quoi ? Vous croyez que je ne vous entends pas bougonner ?

Comment osez-vous ? C'est une honte ! Un beau zizi ne vaut pas plus qu'un master de philo ! La caboche et l'intellect, des voies sans issues… ben, j'sais pas si j'préférerais pas être sourd qu'avoir entendu pareille connerie ! On n'a pas le droit de dire des choses comme ça ! Un beau torse et un beau fessier pour devenir célèbre, la meilleure de l'année ! Totalement fou ! Inconscient ! Et les études ? Et le talent ? Et la passion ? Et le travail ? On en parle ? Une honte ! Bla-bla-bla…

Déjà, j'dis c'que j'veux… de même que vous en pensez ce que vous voulez. Ensuite, ce qui serait inconscient et honteux, ce serait de vous vendre un monde merveilleux récompensant les bons et punissant les méchants… ce qui pourrait être une belle histoire à raconter, mais n'existe pas. Et pour finir, je suis là pour vous aider à faire le buzz, pas pour vous faire gagner un premier prix de vertu.

Certes, je pourrais aussi être hypocrite et vous débiter des sornettes mielleuses et envoûtantes du type :

- Croyez en vos rêves.
- Suivez votre étoile.
- Le talent paie toujours.
- Travaillez dur et vous serez récompensé.
- Les bons gagnent et les méchants perdent.

J'y ai cru, j'en suis revenu. Que ça nous plaise ou non, que ce soit bien ou mal, le monde ne fonctionne pas véritablement de la sorte. Vous pourriez suivre votre étoile jusqu'au fin fond de l'univers sans jamais vous approcher le moins du monde du plus petit début de commencement de réussite.

Voilà pourquoi je refuse de vous servir ce type de conneries. Après, libre à vous d'y croire, de vouloir vivre dans cette chimère, je ne suis pas là pour briser vos rêves.

Mais si vous souhaitez véritablement, et plus que tout, faire le buzz et devenir célèbre rapidement, regardez cinq minutes autour de vous et tirez-en les conclusions qui s'imposent.

Dans l'ensemble, travail et honnêteté sont quand même moins souvent récompensés qu'opportunisme et fourberie.

Mais… avant que vous repartiez inutilement pour un tour, bave aux lèvres, babines retroussées, crocs sortis, prêt à mordre la main de votre humble serviteur, de la fureur plein la carcasse, tout mécontent, grognon bougon, rempli de colère et de rage, complètement possédé, démon dans les entrailles, agité tel un épileptique en pleine crise… clarifions les choses.

Vous faites ce que vous voulez, je ne vous force à rien. Je donne des conseils, vous les prenez, vous ne les prenez pas, c'est vous qui voyez. Les conseils énoncés dans ce livre sont fruits de l'observation, par-delà toute notion de justice, de morale, de bien et de mal… Ce qui est efficace et ce qui ne l'est pas. Je vous dis juste ce qui semble fonctionner et ce qui ne fonctionne pas, dans le but de devenir célèbre rapidement. Que ce soit beau ou pas, glorieux ou non, ce n'est pas le sujet.

De même que mon avis, ce que j'en pense ou pas, si c'est bien ou mal, n'entre absolument pas en ligne de compte. J'observe, je constate, je compile. Et quand ça marche, ça marche… couvertures de magazines, articles, interviews, hashtags sur les réseaux sociaux pour preuve.

Ensuite, je propose, vous disposez.

Et ne vous méprenez pas sur le sens de mes propos. Pour avoir un « vrai » travail et réussir une carrière professionnelle « traditionnelle », un prestigieux diplôme d'une grande école réputée, associé à un ciboulot bien rempli sont certainement de bons choix. Par contre, pour ce qui est d'attirer l'attention et de devenir célèbre rapidement – dans l'époque qui est la nôtre –, vous ne m'enlèverez pas de l'idée qu'une belle gueule, un teint hâlé, un ventre plat, des pectoraux bien dessinés, un joli cul et/ou un beau zizi vous seront plus utiles que bien des diplômes ! Une fois cela dit, à vous de faire vos choix.

CONSEIL N° 2 :
ÉVITEZ À TOUT PRIX LA NORMALITÉ

Évitez la normalité. Peu importe le domaine dans lequel vous souhaitez percer, abstenez-vous de faire quoi que ce soit de nuancé ou s'approchant un tant soit peu de la norme.

Quoi que vous fassiez, faites-en trop. Agissez constamment de façon extravagante. Surjouez votre vie à toutes les sauces. Faites-en un spectacle flamboyant.

Par contre, je me dois de vous prévenir ! Pour peu que vous ayez une famille stricte, pas super cool ou moyennement ouverte d'esprit, en vous comportant de la sorte, il y a de très fortes chances pour que vous soyez assez vite contraint de vous trouver un nouveau nom de famille et de nouvelles personnes avec qui passer les fêtes de fin d'année.

Pas de doute sur le fait qu'ils vont vous renier.

Après, vous pouvez tenter de les préserver et opter d'emblée pour un pseudo. Ce qui évitera de trop les mettre dans l'embarras à chaque fois qu'ils sortiront pour faire des courses ou acheter du pain, et de les contraindre à devoir répondre aux questions du boucher, boulanger ou buraliste, quand celui-ci leur demandera si c'est bien leur fils, fille, oncle, tante, cousin, cousine, frère, sœur, neveu, nièce, papi ou mamie, que l'on voit depuis quelque temps faire des trucs trop bizarres sur des vidéos Internet.

Ça finira probablement par sortir et par arriver jusqu'à leurs oreilles, pas de doute là-dessus, mais vous vous laissez une marge de manœuvre.

Disons que ça sera moins rapide que si vous signiez vos méfaits de votre nom, et vous permettra de garder avec eux des relations à peu près correctes, au moins le temps de faire décoller votre petite boutique et d'avoir des arguments, en espèces sonnantes et trébuchantes de préférence, en faveur de votre démarche et de votre nouveau choix de vie.

Le fric et la célébrité rachètent bien des conneries que l'anonymat et la pauvreté sanctionneraient immanquablement par des peines de prison, des travaux d'intérêt général ou des séjours en hôpital psychiatrique.

Astuce : Prenez les devants et reniez-les immédiatement.

Avantage(s) : Si vous devenez célèbre, vous n'aurez pas à leur faire profiter de votre nouveau statut ni à vous retrouver dans l'embarras chaque fois qu'ils prendront faussement de vos nouvelles, dans le seul et unique but de tenter de vous délester d'un billet.

Inconvénient(s) : Vous risquez de n'avoir personne pour vous recueillir si jamais vous vous pétez la gueule sur la route de la gloire et du succès. Ne sous-estimez pas le fait qu'il y a beaucoup d'appelés et peu d'élus. Le pourcentage de chances pour que vous reveniez vers eux, piteux et minable, est donc suffisamment important pour ne pas s'emballer outre mesure et couper les ponts trop rapidement.

Enfin bref, cette histoire de nom de famille, bien que non négligeable, est secondaire.

Ce qui est primordial, et que vous ne devriez jamais oublier lors de votre tentative d'ascension, c'est d'éviter la normalité comme la peste. Sous aucun prétexte vous ne devez être normal. Aucun. Entêtez-vous à vouloir être normal, à ne pas faire trop de vagues, à ne pas dénoter du commun... et ne vous étonnez pas de n'être remarqué par personne. Perdu dans l'immensité, identique à tous, invisible de tous.

Si vous appliquez ce précepte, vous passerez certainement pour un hurluberlu, serez sujet à critiques et moqueries, ferez jaser et rire, mais au moins, on parlera de vous. Au stade où vous en êtes, relativement inconnu, pas des masses populaire, en passe de devenir célèbre, c'est le principal.

Mon conseil : Commencez par vous créer un personnage. Comme les super-héros, ayez un look unique, extravagant, décalé, choquant... ce que vous voulez, du moment que c'est original et que ça vous permet de sortir du lot, d'être vu et reconnu à cent bornes à la ronde.

La mise en place d'un personnage facilement identifiable est un excellent moyen d'attirer l'attention sur soi, de faire cancaner, de commencer à se bâtir une petite notoriété et de rentrer doucement, mais sûrement, dans les esprits.

Afin de développer plus amplement cette idée d'éviter la normalité dans le but de se distinguer de l'immense masse, morne et invisible, vous trouverez dans les pages à venir une section dédiée à la thématique.

Parce qu'il est de plus en plus difficile de sortir du lot et de se faire remarquer, j'y aborderai de nombreux exemples et cas pratiques pour faire parler de soi et s'extirper de l'anonymat.

CONSEIL N° 3 : NE PERDEZ PAS DE TEMPS À VOUS ENTRAÎNER

Vous souhaitez devenir chanteur ? Vous cassez pas le cul à faire dix ans de solfège.

Sans même envisager l'option où vous ne seriez pas doué, en vous engageant dans cette voie de travail, d'incertitudes et de souffrances, vous prenez un ticket pour une galère dont vous n'avez pas la moindre idée du rivage sur lequel elle va vous mener. Ça peut être la gloire… comme ça peut être le chômage et Pôle emploi spectacle.

Alors, ne prenez surtout pas de risques et oubliez les conneries de voix de tête et de voix de poitrine.

Avec un physique agréable, un look sympa, une coupe de cheveux flashy, des grolles de couleurs différentes, un pantalon troué au fion ou mis à l'envers, et les miracles dont sont capables les logiciels musicaux de nos jours, les portes d'une florissante carrière peuvent s'ouvrir à vous, sans que vous connaissiez que dalle à la musique. Sans même avoir la moindre idée de ce à quoi peut bien servir une clé de sol.

Regardez les hit-parades et soutenez-moi les yeux dans les yeux que l'on a que des virtuoses dans les premières places. Et dites-moi combien sont sponsorisés par des marques de fringues, de gel pour cheveux, de soins de peau pour adolescents, et biberonnés à l'Auto-Tune ? Bon, ben voilà !

Si les progrès de la technologie ont permis à des logiciels correcteur de voix de voir le jour, vous seriez bien con de ne pas vous en servir. D'autres le font et deviennent célèbres, pendant que vous, vous restez complètement inconnu. Alors, faites votre choix. Bientôt, il sera peut-être trop tard.

Avantage(s) : Si ça passe, c'est tout bénef. Vous pourrez même vous mettre à suivre des cours de chant si ça vous dit et que vous souhaitez donner une tournure plus « authentique » à votre carrière. Si ça ne fonctionne pas, la dépense de temps sera minime et le coût global de l'aventure s'élèvera à peine à quelques dizaines d'euros en fringues, gel et accessoires. Avouez que c'est quand même tentant.

En termes financiers, je peux vous assurer que ce n'est pas la même histoire, dix piges de cours de musique. C'est un investissement bigrement plus important pour des résultats tout à fait aléatoires.

Inconvénient(s) : Même si ça fonctionne pour beaucoup de secteurs du monde du spectacle, ça ne passera pas avec tous. Évitez les métiers du cirque et les choses un peu périlleuses du type : danse, cascade, etc. Sans entraînement et sans filet, un numéro de voltige peut vite tourner au drame.

Mon conseil : Concentrez-vous sur des disciplines où les risques physiques sont limités en cas d'échec, comme la comédie, par exemple.

Faible dangerosité qui explique aussi en grande partie la très forte concurrence et le nombre impressionnant d'escrocs dont souffre le domaine. À part des huées et des jets de tomates durant la représentation, il ne vous arrivera pas grand-chose en cas de fiasco.

Et encore… c'est une tradition qui a malheureusement tendance à se perdre. Aujourd'hui, ça se résume à des commentaires haineux sur le Net, signés sous un nom d'emprunt, et que la personne visée, auteur du préjudice théâtral, ne lira probablement jamais.

Alors, d'accord, faut vivre avec son temps et ça ne sert strictement à rien de passer sa vie la tête dans le rétroviseur à soupirer sur les splendeurs du passé, mais on peut quand même regretter la disparition de certaines traditions.

Quoi qu'il en soit, vous ne m'enlèverez pas de l'idée que le lancer de tomates, ça avait plus de gueule qu'un commentaire masqué rempli de haine et de fautes d'orthographe.

Non seulement ça avait le mérite de faire travailler les maraîchers et les petits producteurs locaux, faisant de cette action bien plus qu'un simple geste de mécontentement, mais un véritable vecteur de dynamisme économique et un soutien à l'activité locale, mais ça avait aussi la capacité de signaler clairement et directement le déplaisir ressenti au chibrolo se dandinant sur scène en massacrant son texte.

Alors qu'un commentaire plein de haine sur le Web, ça a quand même beaucoup moins de panache.

Enfin bref, tout ça pour dire qu'en vous aventurant dans ce type de secteur, vous ne risquez rien. Physiquement, je veux dire. Psychologiquement, c'est une autre histoire, mais on n'a rien sans rien.

Le premier pas vers la réussite, c'est un minimum de prise de risque. Malgré la qualité indéniable de mes brillants conseils, je ne saurais vous aider à atteindre votre objectif de devenir célèbre rapidement, sans utilisation de votre ciboulot, sans entraînement et sans prise de risque.

Faut pas pousser, non plus. Griller des places dans la file d'attente, c'est une chose… la téléportation, c'en est une autre. J'fourgue du conseil, pas du miracle !

Disons qu'en matière de fiche métier, si je devais me positionner, je serais plus proche du coach que du marabout. Plus ou moins. À mi-chemin.

CONSEIL N° 4 : FILMEZ-VOUS EN PERMANENCE

Très important. Filmez-vous en permanence. Du lever au coucher. Peu importe ce que vous faites, faites-le avec une caméra à portée de main, sans quoi ce sera des vues de perdues et un non négligeable manque à gagner de notoriété.

Sans film, pas de trace. Sans trace, pas de partages. Sans partages, pas de buzz. Sans buzz, pas de likes, pas de tweets, pas de célébrité. Rien. Tchi. Que dalle. Nada. Peau de zob. Juste de l'anonymat.

Ne vous interrogez surtout pas sur l'intérêt de votre production ! Le faire serait une grave erreur !

Si vous commencez à vous poser ce genre de questions, c'est que vous n'êtes peut-être pas fait pour devenir célèbre et que vous devriez sans doute songer à un plan B ou vous familiariser avec Pôle emploi et l'anonymat… parce que c'est ce qui vous pend au nez, avec ce type de réflexions morbides.

Juste, filmez. Filmez-vous tout le temps. Filmez tout et n'importe quoi. Tout ce que vous faites.

Peu importe si ça n'a pas de sens, si c'est n'importe quoi. Limite, c'est le but. Plus ça va être n'importe quoi, mieux ce sera. Si vous en êtes suffisamment convaincu, vous finirez par persuader les autres que c'est une nouvelle forme d'art que vous venez d'inventer. Il vous suffira de vous trouver un sous-texte à la con, à base de critique de notre système de valeurs, remettant entièrement en question les notions d'interactions de l'homme urbain au XXIe siècle. Et voilà ! Le tour est joué !

Accompagnez la mascarade d'un joli dossier de presse aux couleurs chatoyantes et à la mise en page sexy, et en route pour la médiatisation !

AVERTISSEMENT : Gardez toujours à l'esprit qu'une grande partie des conseils que je suis en train d'énumérer pourrait vous valoir un tas d'emmerdes si jamais vous les mettiez en application sans vous filmer et sans sous-texte artistico-philosophique.

Sans caméra, il ne se passera pas quinze jours avant que vous finissiez en taule ou en hôpital psychiatrique.

Allez savoir pourquoi, de nos jours, des tas de trucs qui pourraient vous valoir enfermement pour déviance mentale ou mauvais traitements, si vous les filmez, ça peut vous rapporter gloire et reconnaissance. Et même, dans certains cas, devenir un véritable gagne-pain.

À moins que vous appréciiez passer vos journées cachetonné, à vous baver dessus, que vous soyez un gros consommateur d'anxiolytiques, un fervent adepte des promenades en pantoufles et robe de chambre, ou un furieux pratiquant de la camisole de force, il n'y a pas beaucoup d'intérêt à ne pas vous filmer. Il est indispensable de le faire. Et même, de le faire 24 h/24.

Faites de votre vie une performance artistique. Transformez votre quotidien en œuvre d'art. Son seul intérêt, c'est d'exister. De VOUS permettre d'exister.

Où l'on aborde l'intérêt de se filmer en permanence et de faire fi de toute pudeur

Si vous êtes timide, pudique ou que vous ne vous sentez pas capable de vous mettre en scène en permanence, je ne vais pas vous cacher que ça va être compliqué de faire quoi que ce soit pour vous.

En fin de compte, vous voudriez être célèbre, mais ne pas vous filmer H24 ? Ben pourquoi ne restez-vous pas dans l'anonymat, alors ? Ce serait comme désirer être célèbre et refuser de faire des photos ou de signer des autographes.

À part pour les mégastars, c'est totalement inconcevable. Hors sujet et contre-productif. De nos jours, si vous ambitionnez de devenir célèbre, vaut mieux ne pas avoir le moindre brin de pudeur et oublier le sens du mot intimité. C'est fini, l'époque du mystère et du secret.

La concurrence étant tellement rude, si vous voulez sortir un tantinet du lot, vous ne pourrez rien préserver. Ruptures, chagrins, tristesses, joies, colères, disputes, dépression, divorces, échographies, chirurgies esthétiques, augmentation mammaire, vaginoplastie, pénoplastie, états de vos selles, molles, dures, claires, sombres… vous devrez tout balancer sur la place publique. Tout nous foutre dans la gueule.

Pas tellement que ça nous intéresse, juste que tout le monde le fait. Donc bon, si vous voulez qu'on parle de vous, va bien falloir occuper le terrain… ou accepter que les autres le fassent à votre place et vous grillent la politesse.

On en revient toujours à ce problème de la prolifération de la concurrence, et aux techniques de plus en plus agressives de certains aspirants au quart d'heure de gloire, véritables filous des strass et des paillettes, prêts à tout pour chaparder un brin de popularité.

C'est fini, l'époque du mystère. C'est fini, les stars lointaines et évanescentes qui ne s'exprimaient jamais, qui restaient haut dans les cieux, séparées des autres êtres humains. Très peu peuvent encore se le permettre. La verticalité est passée de mode, place à l'horizontalité.

Tous au même niveau, au ras des pâquerettes. Victimes euphoriques et joyeuses de l'attraction terrestre. Aujourd'hui, avec Internet, c'est plongé en plein cœur de la mêlée que ça se passe. Faut tout donner. Absolument tout. Même votre coloscopie, vous allez devoir la mettre en ligne. Et tant qu'à faire, essayez de vous démerder pour que le chirurgien accepte de filmer l'opération avec une caméra ultra-haute définition. Au pire, haute définition. Sans quoi vous allez vous faire défoncer dans les commentaires. Une mauvaise qualité d'image est de moins en moins souvent pardonnée.

Après, qu'il s'agisse d'une vidéo se déroulant dans un conduit relativement étroit pas nécessairement habitué à être occupé par des corps étrangers et ne permettant pas l'utilisation des meilleures caméras disponibles sur le marché, les gens s'en foutent, ils veulent une image de qualité. À vous de savoir ce que vous souhaitez et si vous êtes prêt à vous en donner les moyens. À vous de choisir entre préservation irrationnelle et non rémunératrice d'un conduit – qui pourrait être bien plus qu'une simple usine à déjections – et recherche de visibilité maximale, monétisation et gain financier.

Avantage(s) : Vous n'attendez pas qu'un directeur de casting ou qu'une pseudo-sommité des médias s'intéressent à vous et vous repèrent. Vous êtes à la manœuvre et créez vous-même votre propre flux quotidien. À la fois produit et producteur.

Inconvénient(s) : La surenchère ! Le problème sera le même que pour les suites au cinéma. Si vous avez foutu dix explosions dans le premier opus, ce sera compliqué de revenir avec moins. Et même autant, ça ne passera peut-être pas. Entre-temps, la concurrence aura peut-être tenté de surfer sur votre vague et proposé une production similaire avec quinze explosions... Faudra donc revenir avec vingt. Et la fois d'après ? Ben, toujours la même rengaine... Vous devrez en caler au moins trente. C'est sans fin. Jusqu'au jour où vous n'aurez plus de jus... ou celui où ça vous pétera à la gueule.

CONSEIL N° 5 :
FRÉQUENTEZ DES CÉLÉBRITÉS

Quoi de plus efficace pour devenir célèbre que de côtoyer des personnes célèbres et d'être l'ami des stars ?

C'est mathématique. Vous êtes un gueux, vous fréquentez des gueux, vous renforcez votre gueuserie. Vous êtes un pouilleux, vous fréquentez des pouilleux, vous renforcez votre pouilleuserie. Mathématique, je vous dis. Une dynamique implacable. Pire qu'une malédiction.

Alors, faites en sorte d'enrayer ce cercle vicieux de la gueuserie. Brisez-le !

Pour ça, commencez par éliminer le maximum de gueux et de pouilleux potentiellement préjudiciables à votre ascension de votre entourage. Puis, rapprochez-vous de gens déjà sous les sunlights ou connaissant des gens sous les sunlights, et frayez-vous une place au soleil.

Mon conseil : Arrangez-vous pour fréquenter le maximum de lieux à la mode, et faites en sorte d'être vu et de vous faire photographier avec des personnes « célèbres », ou plus ou moins connues, ou fréquentant des gens célèbres.

Astuce : Même si les gens ne vous ont rien demandé, même si vous n'êtes pas invité, pointez-vous dans des lieux concentrant un maximum de célébrités, accompagné d'un photographe soigneusement masqué, et allez claquer la bise au plus grand nombre de personnes possible.

N'hésitez pas à feindre la complicité et à en faire des tonnes. Par politesse, par surprise ou par gentillesse, bon nombre de gens que vous croiserez vous rendront la pareille. Tout geste amical sera le bienvenu. Main dans le dos, tape sur l'épaule, accolade, rire exagéré, complicité feinte… plus vous parviendrez à sembler proche d'eux, mieux ce sera.

Sélectionnez les meilleures photos, utilisez-les pour nourrir vos réseaux sociaux et commencez à bâtir votre légende.

Peu importe si vous ne les connaissez pas vraiment. Peu importe s'ils n'ont pas la moindre idée de qui vous êtes.

L'objectif, c'est que le reste du monde pense que vous les connaissez, que vous avez du « réseau », des « connexions », que vous faites partie de la « haute ». Bien souvent, le seul reflet d'une personne qui réussit, qui connaît et fréquente des gens importants, peut offrir d'étonnantes opportunités, quand bien même vous n'auriez rien en poche.

Ce n'est pas parce que la vie vous a distribué des cartes pourries que vous devez vous résigner ou abandonner la partie. Soyez plus malin ! Jouez-la au bluff ! Tout à l'esbroufe !

De nos jours, la célébrité est une sorte de virus. Elle peut se transmettre par simple contact, suite à une proximité passagère. Plus besoin d'avoir un talent particulier ou d'être l'auteur de quelque chose d'extraordinaire pour devenir célèbre. Le seul fait d'avoir une interaction avec une personne célèbre peut vous rendre célèbre.

Si jamais vous parveniez à avoir plus qu'une anodine interaction temporaire, alors là, BINGO ! Autant dire que ce serait comme de gagner à la grande loterie de la célébrité.

En l'espace de quelques jours, vous allez être sollicité pour des tonnes de partenariats publicitaires, crouler sous les demandes d'interview et les invitations à des émissions.

Dubitatif ? Allez jeter un œil sur le Web et soutenez-moi le contraire. Vous fatiguez même pas, vous n'y parviendrez pas !

Aujourd'hui, le simple fait d'avoir été le premier amour d'un acteur connu, la nounou d'un sportif qui fait les gros titres, le chauffeur d'un jet-setter dans le vent, l'ex-beau-père d'une vedette du Web, le concierge d'une popstar défrayant la chronique, le partenaire sexuel d'une personnalité de premier plan, ça peut vous propulser sur le devant de la scène en un claquement de doigts.

C'est un fait, et ce, quoi que vous en pensiez !

Sincèrement, de nos jours, vous avez plus de chances de devenir célèbre rapidement en étant le nouvel animal de compagnie d'une célébrité excentrique qu'en tentant de percer dans le cinéma ou la musique.

De quoi ?! Ah non, pitié, non, repartez pas ! Pas à chaque conseil ! Pas toutes les deux minutes ! On va jamais s'en sortir, à ce rythme ! Pire qu'un juke-box ! Même pas besoin d'insérer une pièce dans la machine pour que la rengaine démarre ! Sérieux, j'en peux plus ! Vous allez me rendre dingue !

Mais qui vous force à le devenir ? Hein ? Qui a tenté de vous abuser et de faire de vous un animal de compagnie ? Qui souhaite vous souiller ou vous avilir ? Hein ? Qui veut vous contraindre à être le chihuahua, le spitz nain ou le bichon maltais de qui que ce soit ? Hein ? Qui ? Ben alors, pourquoi ces cris et cette agitation ? Pourquoi ces trépignements et ces grincements de dents ? Qui a essayé de vous foutre une laisse autour du cou et de vous vendre contre votre gré à une starlette de téléréalité ? Hein ? Personne ! Pas moi en tout cas ! Du moins, pas encore… Alors un peu de calme, je vous prie. Sans quoi, on va pas s'en sortir !

Vous faites bien ce que vous voulez ! Je n'essaie pas de vous contraindre à quoi que ce soit. Je ne souhaite pas vous inciter à faire ou à devenir quoi que ce soit. Je ne vous force à rien. Je soumets des idées, j'énonce des pistes, je décris ce que je vois. Vous en faites – et vous en pensez – ce que vous voulez !

Et… que ça vous plaise ou non, bla-bla-bla… ce que j'en pense ou pas, bla-bla-bla… certains clébards de star sont de véritables célébrités, avec des pages dédiées sur les réseaux sociaux, des photos et des articles en leur honneur, des tonnes de fans, des émissions et des partenariats, des revenus et des patrimoines supérieurs à ceux du commun des mortels, des fringues de marque faites sur mesure d'une valeur pouvant avoisiner celle d'un bien immobilier, et sont probablement mieux nourris que vous et moi réunis. C'est un fait.

Enfin bref… Pour en revenir à la notion de transmission de la notoriété, si en plus d'avoir eu droit à la bénédiction d'une exposition prolongée avec une célébrité, vous avez une bonne mémoire, êtes du genre bavard, pas spécialement pudique et avez des tas d'anecdotes croustillantes à raconter sur votre histoire d'amour, ses caprices et ses choquantes mauvaises habitudes lorsque vous étiez à son service, les exigences extravagantes de son régime alimentaire de célébrité pourrie gâtée, les frasques délirantes dont vous avez été le témoin, ou votre quotidien d'animal de compagnie d'une star totalement déconnectée de la réalité… là, c'est le jackpot assuré !

Articles, interviews, émissions, livres, partenariats, contrats publicitaires… vous n'allez plus savoir où donner de la tête !

Avantage(s) : À force de fréquenter des gens célèbres, il n'est absolument pas impossible que vous finissiez par le devenir aussi. Allez savoir pourquoi, de nos jours, l'exposition régulière à proximité de célébrités est en mesure d'offrir un gain de notoriété à n'importe quelle personne, quand bien même elle n'aurait rien fait ni rien créé pour le mériter.

Inconvénient(s) : De la sorte, votre popularité ne sera pas immédiatement aussi forte que si vous aviez été en mesure de l'ériger de vous-même, sur votre seule personne. Néanmoins, c'est une véritable rampe de lancement. Un point de départ sur lequel il vous sera facile de travailler, une base à partir de laquelle certains sont parvenus à bâtir des empires.

AVERTISSEMENT : Ne vous laissez pas éblouir par les projecteurs ni emberlificoter par les belles paroles de pseudo-créateurs de stars qui profiteraient de votre envie d'intégrer ce milieu pour vous promettre monts et merveilles.

Le but, ce n'est pas de vous retrouver au cœur d'histoires sordides ou rocambolesques, mais d'attirer l'attention.

Évitez les jeux dangereux où vous risqueriez seulement de servir de vide-couilles ou de sex-toy de province lors de la tournée promotionnelle d'une star de passage dans votre ville. Ce que vous pouvez parfaitement bien faire pour le plaisir, mais pas dans le cadre de votre objectif principal : réussir à devenir célèbre rapidement.

Vous vous retrouveriez dans un jeu du chat et de la souris dont je peux vous assurer que vous ne serez pas le matou.

Attirer l'attention - Bilan

Voilà, on vient de voir quelques-uns des grands principes permettant d'attirer l'attention sur soi rapidement.

On a vu certains pièges à éviter ainsi que l'état d'esprit à adopter afin de faire parler de soi, de se faire connaître sur le Web et de commencer à intéresser les médias.

Si vous aspirez à la célébrité, ne soyez pas attentiste et ne pensez pas qu'elle vous tombera dessus pendant que vous ferez vos courses, entre les rayons « fruits et légumes » et « produits laitiers ». C'est un mythe. Autant faire reposer vos chances de réussite sur vos futurs gains à la loterie. Pas impossible... mais fortement improbable. Soyez proactif, sortez-vous les doigts du cul et soyez prêt à mouiller le maillot.

N'attendez pas que la célébrité vienne à vous par miracle. Allez la chercher. Partez à sa conquête.

Attirer l'attention - Ce qu'il faut retenir

Pour résumer, voici les grandes lignes à retenir et à garder gravées dans un coin de votre esprit pour tenter d'apprivoiser les voies impénétrables et mystérieuses de la célébrité.

- Oubliez tout ce qui sollicite le ciboulot.
- Ne suivez pas naïvement votre étoile.
- Croyez en vos rêves, mais œuvrez surtout à les réaliser.
- Évitez à tout prix la normalité.
- Songez à prendre un pseudonyme.
- N'ayez pas peur de dénoter.
- Ne perdez pas de temps à vous entraîner.
- Ne recherchez pas la perfection avant de vous lancer.
- Évitez les secteurs à risques.
- Filmez-vous en permanence.
- Faites fi de toute pudeur.
- Faites de votre vie une performance artistique.
- Fréquentez des lieux à la mode.
- Fréquentez des gens célèbres.
- Brisez le cercle infernal de la gueuserie.

Attirer l'attention - Conclusion

À partir de tous les éléments abordés dans ce chapitre, vous allez pouvoir élaborer votre premier plan de communication et concevoir un planning avec les différentes choses à mettre en place dans les semaines et mois à venir pour atteindre votre objectif. Pour vous aider dans cette étape, vous pourrez aussi vous référer au chapitre « Réussir à faire le buzz ».

On y décortiquera des cas pratiques afin de vous permettre de comprendre ce qui fonctionne et comment l'appliquer à votre situation.

Si tout se passe bien, d'ici quelque temps, vous devriez en récolter les premiers fruits et peut-être avoir déjà l'occasion d'être approché pour participer au casting d'une émission.

À cet instant, le moment sera venu de vous concentrer sur la seconde étape « Réussir sa médiatisation », et de vous armer pour négocier cette phase cruciale qui vous permettra de vous démarquer de l'énorme masse des prétendants à la célébrité et d'inscrire votre carrière sur le long terme.

Réussir à faire le buzz

Au cours du chapitre « Attirer l'attention », nous avons abordé différents principes à prendre en compte pour se faire remarquer rapidement et sortir de l'anonymat.

Avec ce texte, nous allons essayer d'aller encore plus loin, en mettant l'accent sur la pratique et en décortiquant des exemples concrets pour vous permettre de faire le buzz.

Professionnels, particuliers, associations, entreprises… vu le degré de concurrence toujours plus important dans tous les domaines, l'omniprésence de la publicité dans nos vies et le fait que nous y soyons de moins en moins sensibles, si vous ambitionnez de parvenir à promouvoir quoi que ce soit – marchandise, projet ou propre personne, puisque finalement nous sommes de plus en plus destinés à être des VRP/Produits –, va falloir être particulièrement astucieux.

Le bon vieux temps des tracts publicitaires dans les boîtes aux lettres est révolu. La réclame à l'ancienne, avec panneaux géants et affiches en 4x3 à la périphérie des villes, coûte une fortune et sert plus de réceptacle à chiures de pigeons qu'à convertir du prospect ou obtenir un gain réel de visibilité. Cette façon de faire est morte et enterrée.

Elle ne fonctionne que pour annoncer l'entrée du centre commercial à cent cinquante mètres au deuxième feu à droite ou pour les très grosses structures ayant la capacité d'en badigeonner des villes entières, et encore. Par contre, pour des organisations aux moyens modestes ou faibles, ça n'est rien d'autre qu'un gouffre à pognon ou une stratégie de communication inaccessible et inenvisageable.

La plupart du temps, elle vous coûtera une fortune, et vous rapportera très peu. À part jeter votre fric par les fenêtres et contribuer inutilement à la déforestation massive et à l'accélération de la destruction de la forêt amazonienne, vous ne parviendrez à rien ou pas grand-chose.

Pour capter l'attention d'une audience de plus en plus volatile et accro à la nouveauté, va pas falloir rechigner à mettre les mains dans le cambouis et à faire preuve d'inventivité.

CONSEIL N° 1 : FAITES BON USAGE DU RÉDACTIONNEL

Si vous souhaitez attirer l'attention, faire le buzz et devenir célèbre rapidement, vous devez oublier le rédactionnel pur.

De nos jours, vous entêter à faire reposer votre plan de carrière et votre stratégie de communication uniquement sur de l'écrit s'apparente à creuser votre propre tombe.

Soyons honnêtes, plus personne ou presque ne prend le temps de lire, tout le monde ou presque s'en fout du rédactionnel. Partant de là, élaborer une stratégie essentiellement axée sur l'écriture, et placer tous ses espoirs de réussite dessus, n'est sans doute pas la plus brillante des idées.

Jusqu'au XIXe siècle, encore un peu au début du XXe, quand les gens n'avaient pas tellement d'autres possibilités pour se divertir, c'était une option parfaitement judicieuse et potentiellement juteuse. Il n'y avait pas de télé, pas de radio, pas de téléphone, pas d'Internet, pas de jeux vidéo, ils s'éclairaient à la bougie, et leurs options concernant les moyens de faire passer le temps se résumaient à pas grand-chose. Dans un cadre aussi peu concurrentiel, le rédactionnel pouvait régner en maître.

Si l'on s'amusait à faire le point sur les loisirs et activités à disposition d'un foyer du XIXe siècle les soirs de semaine, ça ressemblerait certainement à ça :

Option nº 1 : Se débarbouiller rapidos, manger un maigre bouillon de légumes et pioncer.

#journéeDeQuinzeHeures #vivementLaSemaineDe35 #espéranceDeVie40Ans

Option nº 2 : Parler toute la soirée avec son mari ou sa femme.

#angoisse #mauvaisKarma #paieTaSoiréeDeMerde #cestLàQueJusquÀCeQueLaMortVousSéparePrendSens #estCeQueCEstVraimentUnMoyenRéalisteDeSeDétendre #etSiOnJouaitAuxCartesAuLieuDeParler #quelquUnAuraitUnJeuDeSociétéÀDépanner

Option n° 3 : S'asseoir dans une chaise et regarder par la fenêtre en écoutant le bruit du feu dans la cheminée, tout en enchaînant les mailles envers et les mailles endroit.

#angoisseAuCarré #çaRessembleDrôlementÀLEnfer #uneSemaineÀCeRythmeEtJeMeTrancheLesVeines

Option n° 4 : Aller au troquet du coin et descendre pinte sur pinte en jouant aux cartes, puis finir la soirée dans une furieuse bastonnade générale ayant une fois sur deux pour conclusion le crâne fendu et la carcasse surinée et sans vie d'un des participants.

#détente #happyHour #àLÉpoqueOnSavaitSAmuser #futUnTempsOùLesCombatsAuxCouteauxÉtaientConsidérésCommeUnDivertissement #paieTaTrancheDeRigolade #leDernierÀAvoirPoignardéSonVoisinPaieSaTournée #durDeSurvivreDansUnMondeSansFoiNiLoi

Option n° 5 : Lire un livre.

#jeMeFeraisBienLeDernierAlexandreDumas #valeurSûre #bingeReading #bienCaléDansMonCanapé #pasBesoinDeSeFaireChierÀTrouverUnBonSiteDeStreaming

Dans un tel contexte, on peut facilement comprendre le succès du rédactionnel. Il faisait presque office de cour de récréation comparé aux autres.

Mais de nos jours, face à la télévision, à Internet, au cinéma, aux séries, aux jeux vidéo, aux smartphones… le truc vend autant de rêve qu'une séance de torture médiévale. À part un barjot complètement à côté de ses pompes, quasiment tout le monde passe son tour et offre sa ration à un autre.

Aujourd'hui, la capacité d'attention des gens est de plus en plus faible. Nous sommes habitués au zapping, accros aux changements, à la nouveauté, aux images sensationnelles, toujours plus fortes, toujours plus nombreuses. Nous sommes rongés par la peur de louper un truc, de ne pas être à la page. Nous voulons tout voir sans rien observer, tout savoir sans rien comprendre. En conséquence, nous avons de plus en plus de mal à rester concentrés et passons notre temps à zapper.

Si vous souhaitez vendre quoi que ce soit, vous devez prendre en compte ces paramètres et réaliser que vous y arriverez beaucoup plus facilement avec une photo d'une star à poil ou une vidéo pleine de chatons trop mignons, qu'avec n'importe quelle propagande de plusieurs milliers de mots.

Avantage(s) : Le seul véritable avantage du rédactionnel, c'est que ça peut vous donner un côté « intello ». Donc, si vous avez un brin de temps libre et souhaitez offrir à votre image une tournure un peu plus « profonde », sans pour autant miser votre réussite dessus, ça peut avoir son utilité.

Inconvénient(s) : Personne ou presque ne lira votre production, quand bien même vous y auriez mis votre âme et vos tripes. Préparez-vous donc psychologiquement à faire face à la plus brutale des indifférences, et à balancer votre aride création à des consommateurs repus de tout un tas d'autres trucs saturés en sucre et en matière grasse, et nettement plus plaisants et faciles à ingurgiter.

Sombre constat ? Certes. Pour autant, le rédactionnel est-il reconnu à sa juste valeur ? Est-ce les auteurs qui sont crédités des succès ou est-ce d'autres qui tirent les marrons du feu ? Est-il en mesure de vous obtenir un train de vie de popstar ?

Vous fatiguez pas à me répondre, ces questions étaient purement rhétoriques.

À l'heure actuelle, pour être efficace, le rédactionnel doit être considéré comme un point de départ, être transformé, devenir discours, sketchs, vidéos, films, chansons, conseils… Quelque chose d'utile et/ou de distrayant. Il doit répondre à des besoins précis ou prendre une apparence séduisante, sans quoi, quels que soient sa qualité et le temps consacré à sa création, vous vous exposez à une brutale déconvenue.

Exception à la règle : Le rédactionnel format court.

C'est celui dont vous devrez vous servir, user et abuser. L'accumulation de déclarations lapidaires ou de messages brefs et péremptoires peut vous permettre d'atteindre une certaine audience. De là à vous offrir la possibilité de devenir célèbre, j'en doute… À part en vous découvrant un don pour le trolling, et des facilités pour rendre folle la planète entière en quelques caractères, il y a peu de chances pour que le seul rédactionnel vous mette rapidement sous les projecteurs.

AVERTISSEMENT : S'entêter à faire plus long, c'est prendre le risque de vous voir sanctionné par des : « tl ; dr » ou « TLDR » pour : « too long ; didn't read », soit « trop long ; pas lu », accompagnés de multiples émoticônes moqueuses. Alors, abstenez-vous et privilégiez les formats courts.

Conseil n° 2 : Misez sur le visuel

Quel que soit votre secteur, misez sur le visuel, c'est primordial ! Vous devez constamment mettre le visuel au centre de votre démarche. Le visuel est plus important que tout le reste, plus important que le contenu lui-même.

Vous faites un film ? Faites une super affiche ! Vous faites des séries ? Faites de super génériques ! Vous ouvrez un restaurant ? Faites de super photographies ! Vous faites des vidéos sur le Web ? Faites des super miniatures ! Vous vendez des conserves de cassoulet ? Faites un super packaging !

Pourquoi ? C'est la première chose que les gens verront. Ce sera bien souvent le premier contact que le public aura avec votre travail, votre produit ou votre contenu, celui qui fera qu'ils vous laisseront une chance de les convaincre… ou pas. Ils verront l'affiche avant le film. Ils verront le packaging avant de goûter votre produit. Ils verront votre miniature de présentation avant le contenu. Dans la plupart des situations, le visuel viendra avant tout le reste. Alors, ne le négligez pas.

Et si l'habit ne fait pas le moine, c'est un rôle plus facile à endosser avec une soutane, une bible et un crucifix que torse nu sous un manteau de fourrure, au volant d'un cabriolet, des chaînes en or plein le cou, des lunettes de soleil sur la tête et une montre hors de prix au poignet. Peu importe la réalité, on s'arrête bien souvent aux apparences.

Si votre visuel n'est pas original, percutant, accrocheur… les gens ne chercheront probablement pas à en savoir plus. Ne misez pas uniquement sur l'hypothétique qualité de votre contenu, ou vous louperez de précieuses opportunités de vous faire connaître et risquerez de perdre la course avant même de vous être positionné sur la ligne de départ.

Vous pouvez avoir le meilleur projet, le meilleur produit ou le meilleur contenu, si vous négligez le visuel, vous prenez le risque de le tuer dans l'œuf, de ne pas lui laisser la moindre chance de trouver son public. Attachez-y un soin particulier.

Conseil n° 3 : Associez contenu court et visuel percutant

Arrangez-vous autant que possible pour toujours associer contenu simple et court, et visuel original et percutant.

Quel que soit votre domaine d'activité, si vous souhaitez attirer rapidement l'attention sur vous, la base de la réussite, c'est peu de mots et beaucoup d'images. Quand on voit que la photo d'un œuf peut générer plus de réactions que le discours d'un président ou qu'un message d'un lanceur d'alerte au sujet d'un fait de société de la plus haute gravité, ça laisse songeur.

Mais c'est une réalité. Qu'elle vous plaise ou pas, c'est comme ça. L'occulter, c'est vous condamner à l'échec.

L'important, c'est que le message soit simple et court, et le visuel percutant. De nos jours, quelques caractères – même vides de sens – combinés à un visuel sentant bon le fion ou la provocation gratuite, vous permettront de fourguer bien plus que de longs pavés très détaillés que personne ne lira.

Avantage(s) : C'est rapide, frais, léger. Ça se consomme en deux secondes, en déplacement, dans les transports, dans une salle d'attente, au lit, à table, aux chiottes, n'importe où, n'importe comment… on LOL, on clique, on like, on partage.

Inconvénient(s) : C'est rapide, creux, vide de sens. Ça s'oublie en deux secondes, aussitôt vu, aussitôt oublié. On LOL, on clique, on like, on partage, mais on ne sait même pas pourquoi, deux secondes après on ne s'en souvient déjà plus. Ce qui signifie que vous allez devoir occuper le terrain jusqu'à saturation, constamment, tous les jours, encore et encore… et devenir le Sisyphe des matous mignons, des boobs à toutes les sauces, des fake news, des gifs comiques et des vidéos virales.

CONSEIL N° 4 :
CAPTEZ L'ATTENTION DES GENS

Dites-vous que les gens bossent, que les gens ont des tas d'emmerdes, des soucis plein la tête, des factures à payer, des pépins de santé, des gosses en pleine puberté à élever, un responsable mi-barjot mi-tortionnaire à gérer, des collègues insupportables à leurs côtés, des promesses à honorer, des rêves à réaliser, des crédits à contracter, des dettes à rembourser, une double vie à camoufler... en conséquence, ils n'ont ni le temps ni l'envie de vous faire une faveur.

Votre vie, vos problématiques, vos envies de buzz, votre besoin de reconnaissance, votre quête de visibilité et toutes les conneries que vous souhaitez leur vendre, ils s'en foutent comme de leur premier slip.

Ce n'est pas à eux de venir à vous, ils sont submergés par le choix. Ils ont d'ailleurs tellement le choix qu'ils ne savent même plus quoi choisir ni dans quelle direction regarder.

C'est à vous d'aller à eux, d'aller les chercher et d'accaparer leur attention. De faire quelque chose de suffisamment original, utile, différent, attrayant et captivant, pour qu'ils aient envie de stopper leur progression quotidienne pour vous accorder quelques minutes de leur temps de vie.

Capter l'attention – Exemple n° 1 :

Vous aimez la nature et voulez faire passer un message au sujet de l'écologie.

Allez dans la forêt et filmez-vous en train de parler aux arbres. Caressez-les. Embrassez-les. Enlacez-les. Dansez en faisant de grands gestes et tournez autour d'eux jusqu'à l'épuisement. Posez-leur des questions sur leur famille, leur vie de centenaire, leur état de santé, celui de la planète, écoutez leurs réponses, partagez-les au monde… ce que vous voulez, peu importe, du moment que vous faites ça devant l'objectif d'une caméra, sans quoi vous pourriez finir assez rapidement par vous faire diagnostiquer secoué du ciboulot.

BONUS : Prenez dix minutes par semaine pour faire une vidéo en immersion dans la nature visant à dénoncer les ravages que l'être humain cause à notre planète.

Enterrez-vous dans un potager en ne laissant dépasser que votre tête histoire de ne pas mourir bêtement, tout en prétextant faire cela dans le but de ressentir la terre et sa souffrance. Allez vous baigner dans une étendue de flotte dégueulasse et pleurez au sujet du désastre écologique auquel vous assistez impuissant. Puis, face caméra bien entendu, chialez, criez, implorez de l'aide, faites-en des tonnes, repoussez les limites de votre interprétation… Plus ce sera gros, mieux ce sera.

Avec de la chance, votre vidéo sera repartagée par tous et vous deviendrez le fer de lance d'une révolte écologique virtuelle de très grande ampleur sur les réseaux sociaux. On vous invitera de partout, et plus le moindre reportage ne se fera sans que vous soyez convié à donner votre avis.

AVERTISSEMENT : Faites attention à vous ! Ne prenez pas de risques inconsidérés. Concernant toutes les mises en scène à base d'enfouissement et d'immersion, faites ça uniquement dans des lieux un peu crades, mais sécurisés et ayant passé un minimum de tests de salubrité.

Aucun intérêt à faire mumuse avec des déchets radioactifs exclusivement pour le buzz. L'idée, c'est de vous faire remarquer et, éventuellement, de sensibiliser le grand public à votre cause, pas de vous retrouver avec un troisième bras velu en plein milieu du torse, des nibards dans le dos ou une paire de couilles bien lourdes sur le front.

Si de tels effets secondaires viendraient parfaitement illustrer la véracité et la pertinence de votre dénonciation, ils pourraient réduire drastiquement la durée de votre passage sur Terre. Je ne peux donc que vivement vous en dissuader.

Capter l'attention - Exemple n° 2 :

Vous souhaitez percer dans la comédie et rêvez de brûler les planches.

Allez dans la rue et improvisez des scènes. Rejouez des dialogues de films. Interpellez les passants et forcez-les à interagir avec vous. Dansez, pleurez, criez, interprétez la folie, la terreur, la colère, la tristesse, la peur... ce que vous voulez, peu importe, du moment que vous parvenez à provoquer des interactions avec les gens que vous croisez. Plus les interactions seront impressionnantes, plus la vidéo aura des chances de fonctionner et de générer un max de vues.

Par contre, dans le feu de l'action, prenez soin de ne pas vous laisser emporter, faites en sorte de toujours bien cadrer, et, si possible, d'être constamment visible à l'écran.

Le fait de filmer les réactions des gens est primordial, mais si l'on ne vous voit pas à l'image, vous perdrez une grande partie du bénéfice lié au succès de votre vidéo.

Étant donné que le but de cette opération est de permettre de vous faire connaître et pas d'ouvrir un Vidéomaton à l'intention des multiples passants qui croisent votre route, pensez autant que faire se peut à soigner votre cadrage. Votre belle gueule doit impérativement apparaître sur chaque plan. C'est une sorte de copyright du XXIe siècle.

BONUS : Prenez dix minutes par semaine pour faire une vidéo visant à défendre une cause, et profitez-en à chaque fois pour rappeler que votre dernière pièce de théâtre, que vous venez tout juste de finir d'écrire – et pour laquelle vous cherchez un lieu de résidence et de représentation –, dénonce justement ces horreurs.

Si jamais ça ne prend pas, ne vous enlisez pas avec une cause perdue d'avance. Changez-en aussi souvent que nécessaire, jusqu'au moment où vous finirez par en trouver une qui fasse écho auprès des gens.

Si vous arrivez à générer suffisamment d'attention autour de votre démarche, il n'est pas impossible que des personnalités du show-biz se joignent à vous, ce qui devrait vous valoir assez de visibilité pour lancer votre carrière et faire de vous le nouveau phénomène du cinéma français.

Astuce : Ne vous emmerdez surtout pas à réellement écrire une pièce de théâtre ! Dites juste que vous l'avez fait. Dans votre situation, vous devez constamment avoir quelque chose à vendre, des projets à proposer, des idées à développer, quand bien même vous n'auriez rien en stock. Si ça mord à l'hameçon, il sera toujours temps de pondre un truc à la va-vite… ou d'embaucher un gars pour le faire à votre place.

Capter l'attention – Exemple n° 3 :

Vous souhaitez devenir créateur de mode et rêvez de bosser pour les plus grandes marques.

Sapez-vous avec des sacs-poubelle, tricotez-vous un fute en poils de chien, rasez-vous un côté de la tête et teignez-vous l'autre dans une couleur improbable, confectionnez-vous une écharpe à base de viande, un chapeau composé de charcuterie, une robe en peau de banane, un collier de cornichons, un cache-sexe en pâte feuilletée… ce que vous voulez, peu importe, du moment que jamais, au grand jamais, vous ne vous foutez sur le dos un truc qui pourrait se trouver dans le commerce et que le premier venu pourrait s'offrir pour une dizaine d'euros. Puis, comme d'habitude, enrobez votre démarche d'un sous-texte artistico-philosophique, et inondez le Web et les réseaux sociaux de visuels de vos créations.

AVERTISSEMENT : Concernant les expérimentations vestimentaires à base de bouffe, soyez prudent. Évitez de trop les porter en dehors des périodes de fashion week et des lieux huppés et sécurisés où elles se déroulent, ça pourrait vite tourner au drame. Vu la situation économique actuelle particulièrement tendue, ce n'est sans doute pas une brillante idée de se balader avec un plateau-repas en guise de couvre-chef. Beaucoup de gens pourraient vous en vouloir et vous en tenir rigueur. Pour éviter le gros des emmerdes, prenez toujours soin de stipuler que la date de péremption est passée.

Et lors de vos éventuelles sorties attifé de la sorte, prenez garde à ne pas vous retrouver dans des coins à forte densité d'animaux sauvages, sans quoi je ne donne pas cher de votre peau. Il ne se passerait pas longtemps avant que vous finissiez en petites lamelles, avec de l'incisive et de la canine plantées profondément dans vos chairs, fringues et personne déchiquetées sans la moindre distinction.

D'un autre côté, si vous êtes prêt à en prendre le risque et à en accepter les conséquences, parvenir à filmer une telle séquence pourrait vous valoir une incroyable visibilité. Après, tout est question de calcul. De la sécurité ou de la célébrité, laquelle des deux reçoit le plus vos faveurs ?

BONUS : Consacrez dix minutes par semaine à la réalisation d'une vidéo « philosophique » où vous donnerez votre avis sur l'actu, la politique, les faits divers, les médias, les people, le sport, l'écologie... bref, tous les sujets tendances et brûlants. Le tout dans la tenue la plus improbable possible.

Ne vous cassez même pas la tête à la préparer, dites n'importe quoi, ce qui vous vient à l'esprit. Les gens ne la regarderont pas tellement pour votre avis que pour découvrir votre nouvelle création invraisemblable. Alors, faites en sorte d'avoir constamment le look et l'attitude les plus absurdes imaginables, ça devrait vous valoir suffisamment de visibilité pour lancer votre carrière de nouveau créateur tendance.

Important : À chaque fois, veillez à ce que vos mises en scène soient les plus extravagantes possible.

Certes, vous serez ainsi critiqué et/ou moqué, mais vos vidéos seront regardées, partagées, et votre message diffusé.

Avantage(s) : En agissant de la sorte, vous allez immanquablement attirer l'attention sur vous. Une personne qui alpague des piétons au hasard pour leur ressortir les plus emblématiques répliques du cinéma, qui se fagote avec des tranches de jambon ou tape la conversation avec des arbres, ça ne passera pas inaperçu. Une fois que vos vidéos auront trouvé leur public et commenceront à être repartagées, il ne vous restera plus qu'à vous frotter les mains et à observer les compteurs de vues exploser les scores.

Inconvénient(s) : À ce stade, je me dois de vous mettre en garde. Vous devez être conscient que vouloir à tout prix attirer l'attention sur soi n'est pas sans effets indésirables.

Attirer l'attention, c'est attirer aussi bien l'attention de gens bienveillants que celle de personnes potentiellement moins aimables et plus vindicatives. En vous engageant dans cette voie, vous allez peut-être vous retrouver la cible d'attaques, de critiques et de quolibets. Si ça arrive, dites-vous que c'est le lot de tous ceux qui essaient de s'élever et cherchent à être sous le feu des projecteurs.

Réfléchissez bien avant de vous lancer. Si vous n'êtes pas sûr d'avoir les épaules suffisamment larges pour encaisser, il est encore temps pour vous de faire machine arrière et il vaut sans doute mieux envisager une reconversion dans un domaine à plus faible exposition.

Dans le cas contraire, du moment que l'on parle de vous... Chaque commentaire, chaque moquerie, chaque insulte, chaque partage, chaque réaction sera un pas de plus vers la réalisation de vos rêves de gloire et de célébrité.

CONSEIL N° 5 : CRÉEZ DES VIDÉOS VIRALES

La création de contenus à fort potentiel viral est aujourd'hui la clé pour se faire remarquer et connaître du plus grand nombre. Sous couvert de rigolade et de divertissement, les vidéos virales permettent de passer des messages ou de caler masse de publicités sans que les gens ne s'en aperçoivent. C'est une manne financière incroyable. Si vous parvenez à maîtriser la fabrication de ce type de contenu, vous allez crouler sous les demandes de partenariats.

Leur aspect décontracté et informel donne envie de les partager, de les commenter, d'y mentionner nos contacts.

Voilà comment vous réussirez à vous offrir des campagnes publicitaires dignes des plus grandes marques, sans avoir à débourser le moindre centime pour vous payer les services hors de prix d'un expert en communication ou d'une agence.

Monsieur et Madame Tout-le-Monde se chargeront de faire circuler et de relayer votre message au plus grand nombre, le tout pour quasi pas un rond.

Vidéos virales – Exemples et cas pratiques :

Si en théorie ça peut paraître simple, dans la réalité, attirer l'attention sur soi et sortir de l'anonymat est quelque chose de très compliqué. D'autant plus à une époque où le nombre de personnes aspirant à croquer la même part du gâteau ne cesse de croître.

Voilà pourquoi, au cours des lignes qui vont suivre, nous allons nous évertuer à aborder différents domaines et à décrypter des exemples et cas pratiques d'idées de vidéos qui pourraient devenir virales, afin de vous aider dans votre volonté de faire le buzz et d'attirer l'attention sur vous.

Mais avant ça, voici 5 règles à respecter pour espérer voir votre contenu devenir viral.

Vidéos virales – Règle n° 1 :
Évitez tout ce qui sollicite trop le ciboulot

Ça, c'est la base. Entêtez-vous à vouloir le solliciter, et à part faire pioncer votre audience, vous ne parviendrez à rien.

Faites simple, efficace, percutant. Misez sur l'émotion, sur la colère, la peur... des trucs qui prennent aux tripes, qui font rire, réagir, choquent, divisent, émeuvent. Des images faciles à retenir, rapides à consommer et fortement marquantes.

Vidéos virales – Règle n° 2 : Fuyez la normalité comme la peste

Soyez original et démarquez-vous de l'immense masse. Entêtez-vous à faire comme tous les autres, à suivre les tendances, et ne vous étonnez pas que personne ne vous repère. Si vous voulez être vu, agissez en conséquence.

Par contre, sortir du lot n'est pas sans inconvénient. Le ridicule, la critique, la jalousie ou la mise au ban peuvent vous pendre au nez, mais ce sont des risques à prendre pour se faire remarquer et faire parler de soi.

Vidéos virales – Règle n° 3 : Ne perdez pas de temps à vous entraîner

Comme en séduction, ce ne sont pas forcément les plus beaux qui en tombent le plus, mais ceux qui vont au contact et n'ont pas peur de se prendre des refus.

En faisant du nombre, vous êtes quasiment obligé de finir par attraper un truc dans vos filets. Alors, peut-être pas la poiscaille de vos rêves, mais en attendant, ce sera toujours mieux que rien. Sans compter que sur un malentendu, il n'est pas impossible que vous finissiez par trouver le bon filon.

Vidéos virales – Règle n° 4 : Filmez-vous en permanence !

La plus importante de toutes les règles. Filmez-vous en permanence. Sans film, pas de trace. Sans trace, pas de partages. Sans partage, pas de buzz, pas de likes, pas de tweets, pas de retweets, pas de célébrité. Rien. Tchi. Que dalle. Nada. Peau de zob. Juste de l'anonymat.

Alors, peu importe ce que vous faites, faites-le avec une caméra à la main.

Vidéos virales – Règle n° 5 : Ne laissez pas le manque de moyen vous freiner

Vous n'avez pas d'argent ? Pas les moyens de vous acheter du bon matos ? Pas de quoi investir dans un micro de qualité ? Peu importe ! Ce ne sont pas des raisons pour ne rien faire.

Si de nos jours une mauvaise qualité d'image est de moins en moins souvent tolérée, ayez à l'esprit qu'une vidéo de mauvaise qualité est préférable à pas de vidéo du tout.

D'autant que l'objectif, ce n'est pas de réaliser la prochaine Palme d'or, mais de vous permettre de devenir le centre de l'attention et de faire le buzz. Plus tard, si les opportunités se présentent à vous, vous aurez tout le loisir de faire de belles images, mais d'ici là, ne laissez pas le manque de moyen vous freiner. Si vous avez besoin de vous rassurer, faites-vous une session de visionnage des dernières vidéos qui ont fait le buzz sur le Web et voyez combien ont été faites avec trois francs six sous, parfois complètement fruits de la chance et du hasard.

Où l'on approfondit la question de l'importance de toujours se filmer

Une fois ces quelques règles en tête, à vous de jouer et de faire parler votre imagination dans le but d'attirer l'attention sur vous. Afin de vous aider à vous mettre dans un état d'esprit propice à la création de ce type de contenu, je vais vous démontrer, à travers quelques exemples concrets, l'importance de toujours se filmer et l'impact que cela peut avoir dans la réalisation de vos objectifs.

De l'importance de toujours se filmer – Exemple n° 1 : Le monde de l'agroalimentaire

Votre situation : Vous venez de créer une nouvelle marque de pop-corn et souhaitez la faire connaître au monde entier.

Option n° 1 : Dépenser des milliers d'euros en publicité et en marketing.

Option n° 2 : Trouver une idée originale qui vous permettra d'en faire parler dans le monde entier sans dépenser un rond.

Votre décision : Après lecture de mes conseils, vous décidez de choisir **l'option n° 2** et partez en chasse d'une idée originale, qui ne sollicite pas trop le ciboulot et ne nécessite aucun savoir-faire ou entraînement particuliers.

Après moult nuits blanches à ressasser la problématique, vous finissez par vous dire que foutre le feu à votre baraque en préparant ces fameux nouveaux pop-corn que vous souhaitez faire connaître au monde entier est très certainement une brillante idée.

Sans caméra :

Vous allez vous retrouver sans maison et votre conjoint va vous pourrir la gueule, voire vous quitter. Pour peu que le feu se propage au voisinage, et ce sera direction la prison… Et vous ne pourrez même pas vous réconforter en bouffant quelques pop-corn, puisqu'ils auront brûlé dans l'action.

Avec une caméra :

Vous allez vous retrouver sans maison et votre conjoint va vous pourrir la gueule, voire vous quitter. Pour peu que le feu se propage au voisinage, et ce sera direction la prison… Mais vous pourrez vous réconforter en vous disant que la vidéo va faire le tour des bêtisiers de fin d'année du monde entier au cours des dix prochaines années. Avec un peu de chance, elle va vous valoir des invitations sur de prestigieux plateaux télé pour en parler et accélérer le décollage de votre marque de pop-corn à l'international, et donc, à terme, vous offrir une certaine forme de réhabilitation, vous permettre l'achat d'une nouvelle maison, la reconquête de votre conjoint… ou le mariage avec une nouvelle conquête, plus jeune, plus fraîche, avec de plus gros nibards et/ou un plus vigoureux zizi, fonction de vos goûts et préférences. Après une telle lutte pour parvenir à vos fins, autant vous faire plaisir.

De l'importance de toujours se filmer – Exemple n° 2 : Le monde de l'art contemporain

Votre situation : Vous êtes peintre et souhaiteriez croquer un peu de l'appétissant gâteau que semblent se partager les stars de l'art contemporain.

Option n° 1 : Attendre patiemment dans votre coin que quelqu'un remarque votre talent… et prendre le risque de voir la Faucheuse arriver avant la célébrité.

Option nº 2 : Trouver une idée originale qui vous permettra de faire parler de votre travail dans le monde entier sans dépenser un rond.

Votre décision : Après lecture de mes conseils, vous décidez de choisir **l'option nº 2** et partez en chasse d'une idée originale, qui ne sollicite pas trop le ciboulot et ne nécessite aucun savoir-faire ou entraînement particuliers.

Après moult nuits blanches à ressasser la problématique, vous finissez par vous dire que peindre des toiles avec de la merde, afin de formuler une critique acerbe et irrévérencieuse de notre société de consommation (fameux sous-texte artistico-philosophique dont je vous parle constamment), est très certainement une brillante idée.

Sans caméra :

Typiquement le genre d'activité, tout talentueux que vous puissiez être, qui vous fera passer pour un gros dégueulasse ultra-flippant. Le peu de gens qui auront eu le déplaisir d'en prendre connaissance se feront un devoir de vous dénoncer aux services sociaux chargés des personnes ayant des hobbys un peu trop hors du commun pour être laissées en liberté, sans la moindre surveillance ou suivi psychologique.

Dans le meilleur des cas : Vous finissez avec cinq piges de thérapie de groupe, une interdiction de peinture d'une durée indéterminée et une embarrassante obligation de faire votre grosse commission devant témoin pour les quinze années à venir afin de vous prémunir de toute possible rechute.

Dans le pire des cas : Ce sera direction votre nouvelle maison, contraint et forcé, entouré de gens tout en blanc qui vous parleront tout doucement, vous donneront plein de jolies pilules de toutes les couleurs et vous laisseront vous promener en pyjama toute la journée sans jamais vous embêter.

Avec une caméra :

Les vidéos des coulisses de vos créations font des milliers de vues sur le Web, et vous devenez un artiste contemporain hyper tendance et – effectivement – doté d'une vision acerbe et irrévérencieuse de notre société de consommation.

D'un seul coup, vous n'êtes plus un timbré nécessitant une prise en charge psychiatrique ou un gros dégueulasse qui apprécie jouer avec sa merde et se plaît à la tartiner sur toutes sortes de supports, mais un intellectuel d'avant-garde qui peint l'absurdité de nos modes de vie, et dénonce de façon totale et sans compromission notre modèle socio-économique. Un artiste engagé refusant toute forme de conciliation et repoussant les limites de l'art, utilisant matières recyclées, excréments, détritus, fonds de chiotte, merde, morve et pisse en guise de gouache, le tout dans un formidable acte de rébellion et de désobéissance civile. Un révolté prenant tous les risques afin de dénoncer les dérives d'un système capitalo-fasciste à bout de souffle, basé sur une croissance infinie dans un monde fini, la consommation à outrance et la destruction des matières premières de notre belle planète.

De l'importance de toujours se filmer – Exemple n° 3 : Le monde scientifique

Votre situation : Vous êtes scientifique et souhaiteriez sensibiliser le grand public aux besoins financiers de la recherche pour la création d'un nouveau vaccin.

Option n° 1 : Élaborer une conférence de cinq heures, très complète, avec de nombreux graphiques, des tonnes de chiffres, des mots très compliqués… potentiellement brillante, mais qui ne sera vue par personne, étant donné que tout le monde aura décroché avant même la fin de l'introduction.

Option n° 2 : Trouver une idée originale qui vous permettra de faire parler de votre travail dans le monde entier sans dépenser un rond.

Votre décision : Après lecture de mes conseils, vous décidez de choisir **l'option n° 2** et partez en chasse d'une idée originale, qui ne sollicite pas trop le ciboulot et ne nécessite aucun savoir-faire ou entraînement particuliers.

Après moult nuits blanches à ressasser la problématique, vous finissez par vous dire que faire une vidéo de vous, terminant cul nu en plein milieu d'une expérience, afin de sensibiliser le public aux besoins de la recherche, est très certainement une brillante idée.

Sans caméra :

Quand bien même vous seriez un expert prometteur aux théories novatrices et révolutionnaires, vous deviendrez la risée de vos confrères, et plus personne ne vous prendra au sérieux.

Avec une caméra :

Vous serez probablement toujours la risée de vos confrères, mais vous deviendrez le phénomène dont tout le monde parle dans les médias, sur le Web et les réseaux sociaux.

En accompagnant la mise en ligne de la vidéo, de la création de comptes sur différentes plateformes Internet, vous pourriez devenir la personnalité scientifique la plus influente auprès du grand public et la coqueluche des 15-35 ans.

Alors certes, vous préféreriez assurément être connu et reconnu pour votre conférence et son brillant contenu, mais on ne va pas se mentir, de nos jours, même pour les sujets les plus sérieux, ça fonctionne de façon identique aux divertissements.

Vous me consulteriez pour savoir comment lever des fonds pour la recherche d'un vaccin, qui permettrait potentiellement de guérir une maladie grave et de venir en aide à des centaines de milliers de personnes à travers le globe, je vous dirais le plus sincèrement du monde d'oublier les exposés chiants et ennuyeux, et d'envisager de faire tomber votre slip.

Sérieusement. Littéralement. Le cul à l'air et la quéquette au vent… pour la science.

Une vidéo « volée », tournée à l'arrache avec un téléphone portable, d'un brillant chercheur, beau si possible, en train de perdre son slip en pleine expérience, ça a plus de chances de faire le tour du monde que n'importe quelle conférence de cinq heures sur un sujet incompréhensible et chiant à mourir.

N'y voyez aucun dénigrement ou jugement de valeur, c'est juste comme ça, la façon dont les choses fonctionnent.

Le scientifique beau gosse, slibard sur les genoux, cul à l'air et bistouquette au vent, en train de se débattre pour ne pas faire tomber des éprouvettes et remettre son slip en place, ça, c'est du contenu viral en bonne et due forme. C'est minimum dix millions de vues en moins d'une semaine.

Sans parler de l'avalanche de réactions, des tonnes de commentaires et des milliers de partages…

Alors que pour une conférence, aussi brillante et intéressante que possible, avec le même chercheur beau gosse, la même maladie, la même recherche scientifique, la même histoire de vaccin, on aura beau actualiser la page toutes les deux minutes et envoyer un mail à la plateforme hébergeant la vidéo pour savoir si leur compteur de vues n'est pas défectueux, la vérité, c'est qu'elle ne passera probablement jamais la barre des cent visionnages.

Ajoutez à tout ça le fait qu'en monétisant une telle vidéo, c'est plusieurs milliers d'euros à la clé en faveur de votre cause, le tout pour moins de deux heures de « travail », en comptant large. Mise en scène, répétitions, tournage, montage, pause clope, café, etc. Large de chez large.

Et je ne parle même pas de tous les sites Internet qui vont en faire mention et la relayer. Pour peu que vous ayez un lien pour faire un don en faveur de la recherche du vaccin en question dans la description de la vidéo, et y a moyen de toucher un véritable pactole en très peu de temps.

Enfin bref, tout ça pour dire que, quel que soit votre domaine d'activité, si vous parvenez à maîtriser la fabrication de vidéos virales, vous serez propulsé au sommet de la chaîne alimentaire du Net et des médias, et serez en mesure de vous rendre visible du plus grand nombre.

AVERTISSEMENT n° 1 : L'idée, c'est de devenir célèbre rapidement, pas d'atterrir derrière des barreaux. Même si certains ont fini par atteindre leur objectif en passant par la case prison, je ne peux que vous encourager à ne pas tenter ce détour. Peu y parviennent ou en ressortent indemnes.

Le mieux, en cas de doute, c'est de jeter un œil au Code pénal en vigueur dans votre pays avant de vous aventurer sur une thématique à fort taux de préjudice. Gardez à l'esprit que, dans un très grand nombre de cas, tout ce que vous allez faire pour attirer l'attention sur vous et sortir de l'anonymat, sans une caméra à vos côtés, pourrait rapidement se solder par des mois en maison de repos, des semaines de travaux d'intérêt général ou de lourdes peines de prison.

AVERTISSEMENT n° 2 : Ne faites pas l'erreur de vous endormir sur vos lauriers suite à votre premier succès, aussi puissant et fulgurant soit-il !

Les dynamiques actuelles de visibilité sont cruelles et sans pitié. Vous pouvez, d'une publication à la suivante, passer des plus hautes cimes aux plus sombres profondeurs, de dix millions de personnes atteintes, un million de vues, cent mille partages et dix mille commentaires à… zéro.

Soyez-en conscient, sans quoi vous risquez d'avoir la désagréable surprise de disparaître de la circulation aussi vite que vous êtes devenu le centre de l'attention.

Mon conseil : Ne vous contentez pas d'un succès, déclinez votre buzz en série, surfez autant que possible sur cette vague de visibilité et poussez votre avantage au maximum.

En déclinant votre buzz en série et en créant des rendez-vous réguliers, non seulement votre public aura l'opportunité de suivre vos nouvelles aventures, mais de la sorte, vous consoliderez votre visibilité, fidéliserez l'audience qui vient de vous découvrir, augmenterez progressivement votre popularité et accroîtrez la profondeur de vos racines sur les terres précieuses et enviées du show-biz et de la notoriété.

CONSEIL N° 6 : EMBALLEZ VOTRE CONTENU DE TITRES ACCROCHEURS

Imaginez des articles ou des vidéos ayant pour titres :

UN RESTAURANT PROPOSE À SES CLIENTS DES PLATS CUISINÉS À PARTIR DE LEURS EXCRÉMENTS !

PRIS DE COLÈRE, UN RICHE BRÛLE UNE ÉNORME LIASSE DE BILLETS DEVANT DES MISÉREUX !

UN ÉLU *(COUILLE MOLLE LAXISTE DE GAUCHE) ACCEPTE DE MARIER UN FRÈRE ET UNE SŒUR !**

UN MAIRE *(VIEUX CON RÉAC ET FACHO DE DROITE) BANNIT LES PAUVRES DE SA COMMUNE !**

POURQUOI LES PERSONNES TRÈS RELIGIEUSES FONT-ELLES LES MEILLEURS CUNNILINGUS ET FELLATIONS ?!

DÉCOUVREZ 10 ASTUCES ET 30 INGRÉDIENTS NATURELS EN MESURE DE FAIRE GROSSIR POITRINE ET SAUCISSE !

COMMENT JE SUIS DEVENU RICHE EN COMPOSANT UN MORCEAU DE MUSIQUE AVEC MES TESTICULES !

10 PREUVES IRRÉFUTABLES *(CLASSÉES SECRET DÉFENSE) QUE NOUS SOMMES GOUVERNÉS PAR DES ALIENS !**

* *partie(s) des titres non nécessaires, mais pouvant en démultiplier l'effet.*

Même si c'est odieux, que le « putaclic » est visible comme le nez au milieu de la figure, immanquablement, que vous le vouliez ou non, vous allez cliquer sur le lien.

Perso, je le ferais ! Pourquoi ? Curiosité malsaine. Plaisir coupable. Envie inavouable. Fascination morbide.

Pour voir de quoi il retourne. Pour voir si ce n'est pas une réelle opportunité à saisir. Pour voir s'il n'y pas une anecdote à récupérer pour briller à la machine à café. Pour voir si c'est aussi horrible qu'il y paraît. Pour voir s'il y a sujet à indignation. Pour voir s'il y a moyen d'être le premier à lancer un hashtag. Pour voir si ce n'est pas l'occasion de devenir le fer de lance d'une révolte virtuelle…

Franchement, là tout de suite, n'auriez-vous pas envie de savoir pourquoi les personnes les plus religieuses font les meilleurs cunnilingus et fellations ou pourquoi un riche se mettrait à brûler des liasses de billets devant des pauvres ? Quand bien même il y aurait de fortes chances pour que ce ne soit qu'un attrape-couillon et un immense tissu de conneries ?

Alors oui, je vous le concède, c'est un peu moche comme pratique, mais c'est efficace, et il est quasi impossible pour le commun des mortels d'y résister et de ne pas tomber dans le panneau. C'est du clic et des vues en pagaille.

Avantage(s) : Les titres accrocheurs et choquants assurent une visibilité. Si votre but, c'est d'être vu par un maximum de monde en un minimum de temps, de la sorte, nul doute que vous y parviendrez.

Inconvénient(s) : Le racolage et la transgression des tabous ne vous amèneront pas une audience bienveillante.

Si, de la sorte, vous arriverez bien à vous faire quelques inconditionnels, fous de votre travail, prêts à prendre votre défense et chantant vos louanges à la moindre occasion, dans l'ensemble, ce ne sera pas le sentiment dominant.

Bien au contraire, vous allez voir une vague de détracteurs complètement possédés vous tomber sur le coin de la gueule.

C'est les babines retroussées, la bave aux lèvres, les yeux injectés de sang et en fracassant leur clavier d'ordinateur, tout proches d'une crise d'épilepsie, qu'ils se feront un plaisir de vous faire savoir à quel point ils ne partagent pas votre opinion et estiment que vous n'êtes rien d'autre qu'une sombre merde qui mériterait un tour en charrette d'infamie et d'être flagellée à grands coups de lanières cloutées.

AVERTISSEMENT : Même si le contenu n'est pas aussi violent que le laisse présager le titre, et que cette accroche est là juste pour attirer l'attention alors qu'à l'intérieur vous développez des positions plus nuancées, c'est bien souvent tout ce que les gens retiendront.

Une grande partie commencera d'ailleurs à vous insulter, à vous montrer du doigt et à vous jeter à la vindicte populaire, sans même être allée plus loin que la lecture du seul titre.

L'utilisation de titres racoleurs et choquants est à considérer comme de la nitroglycérine. Une fois le processus mis en route, il sera difficile, pour ne pas dire impossible, à arrêter. Et s'il vous permettra effectivement d'obtenir des vues et de faire croître votre visibilité en un rien de temps, il sera aussi le point de départ d'une haine tenace et irrationnelle de la part d'énormément de gens.

Avant de vous embarquer là-dedans, prenez le temps de bien peser le pour et le contre, et assurez-vous d'avoir les épaules suffisamment larges pour vous permettre d'emprunter cette voie.

Si vous n'êtes pas sûr d'y parvenir : Sautez le conseil suivant et demandez-vous dans quelle mesure vous souhaitez véritablement attirer l'attention sur vous.

Si vous pensez pouvoir y parvenir : Rendez-vous au conseil suivant et inspirez-vous des exemples et cas pratiques basés sur la colère et l'indignation pour faire le buzz.

CONSEIL N° 7 :
DEVENEZ MAÎTRE DANS L'ART DU TROLLING

Dans la continuité du conseil précédent, poussez le curseur de la transgression des tabous au maximum et devenez maître dans l'art du trolling.

À chaque prise de parole ou apparition, n'ayez qu'un seul objectif en tête : provoquer la colère et l'indignation.

Si vous voulez que les gens parlent de vous, et ce quel que soit le prix à payer, alors je ne saurais trop vous conseiller de les foutre en rogne. Constamment. Sur tous les sujets. Titillez-les. Excitez-les. Exaspérez-les. Provoquez leur indignation. Devenez le gars qu'ils adoreront détester. Soyez le troll qui les rend fous, qui dicte leurs sujets de conversation.

En fin de compte, de quoi ne peut-on s'empêcher de parler ? Sur quoi tourne-t-on en boucle ?

– Notre con de patron qui nous pourrit la vie.
– Notre con de collègue qu'on ne supporte pas.
– Le con qui nous a doublés dans la file d'attente.
– Le con au guichet qui n'a pas répondu à nos questions.
– Le con qui nous a fait une réflexion désobligeante.

– Le con qui nous a insultés dans la rue.
– Le con qui après une nuit d'amour disparaît.
– Notre conne de famille qui nous pourrit la vie.
– Notre con de mioche qui fait que des conneries.

Quand on y regarde de plus près, tout un chacun, nous consacrons un temps absolument fou à parler et à nous plaindre des cons qui nous pourrissent la vie. C'est plus fort que nous.

Nous leur accordons une importance démesurée en reléguant aux oubliettes toutes les petites choses cool et sympathiques qui nous arrivent, et ne pouvons nous empêcher de tourner en boucle dessus.

Pourquoi, lorsque neuf personnes nous font un compliment et une seule nous critique, nous sentons-nous obligés de ruminer constamment au sujet de l'unique retour négatif ? Ce constat est le terreau sur lequel prolifère le troll. Partant de là, si votre objectif est d'accaparer l'attention des gens coûte que coûte, vous savez ce qu'il vous reste à faire.

De nos jours, les trolls sont les rois du Net et des médias.

Le troll ne s'emmerde pas avec la vérité. Le troll assène. Le troll se moque. Le troll dénigre. Le troll ricane. Le troll polarise. Le troll divise. Le troll polémique. Le troll hystérise. Le troll distord. Le troll prend à partie. Le troll vocifère.

Ce sont les trolls qui dictent l'ordre du jour, qui sont le centre des débats, règnent en maître sur les réseaux sociaux et sont repris dans les médias traditionnels.

Alors certes, en adoptant cette attitude, vous n'aurez pas l'image de quelqu'un qui cherche à construire ou à rassembler, et énormément de gens passeront leur temps à vous dénigrer, à vous menacer et à vous insulter. Néanmoins, cela signifiera aussi qu'ils passeront énormément de temps à parler de vous et à faire la promotion de vos propos et de vos idées. Et si faire parler de vous est ce que vous souhaitez le plus, leur mettre les nerfs à vif est un moyen efficace d'y parvenir.

Avantage(s) : Pour parler de vous, nul doute qu'ils parleront de vous.

Inconvénient(s) : Ils risquent de tellement parler de vous que ça pourrait dépasser tout ce que vous aviez pu imaginer ou espérer. Les effets liés à cette pratique sont imprédictibles et incontrôlables.

AVERTISSEMENT : Ne franchissez pas certaines limites. Vous devez agacer, pas harceler. Irriter, pas menacer.

Le trolling est un art complexe, souvent à la frontière de la légalité, et peut avoir de multiples inconvénients et effets secondaires imprévisibles, en plus de vous valoir de nombreuses condamnations. Ne vous laissez pas griser par la puissance de cette technique, sachez rester dans un cadre légal et prendre conseil auprès d'un professionnel de la loi. Vous éviterez ainsi bien des désagréments.

CONSEIL N° 8 :
METTEZ EN SCÈNE VOTRE VIE QUOTIDIENNE

Faire le buzz, c'est bien, mais vous ne pourrez pas constamment provoquer des événements complètement fous et être sur la brèche 24 h/24. C'est physiquement épuisant et psychologiquement éprouvant. À ce rythme-là, votre carrière ne durera pas plus de quelques mois. Si vous visez la longévité, veillez à ménager votre monture.

Pour y parvenir, le meilleur moyen, c'est la mise en scène de la vie quotidienne. De la communication à peu de frais, à faible valeur ajoutée, vite produite, vite consommée, vite oubliée, mais idéale dans la période qui est la nôtre, où la durée de vie des meilleurs contenus dépasse rarement quelques jours.

Vous pourrez ainsi, entre deux coups d'éclat, continuer à occuper le terrain sans trop vous fatiguer.

Ayez à l'esprit que tout est du contenu. Que vous êtes du contenu. Vos amis, votre famille, votre boulot, vos hobbys, votre quotidien... tout est du contenu et ne demande qu'à être mis en scène. Alors, devenez le metteur en scène de votre vie !

Sorties, tasses de café, pintes de bière, burgers, restaurants, amitiés, amours, sessions de musculation, footings, cours de danse, réunions de travail, musées, voyages, vacances, avis politique, résultats sportifs, émissions de télévision, films, séries, lectures, week-ends en amoureux, concerts, maladies, joies, peines, emplettes, animaux de compagnie... tout peut être sujet à création de contenu.

Vous cassez surtout pas la tête quant à son élaboration, pensez rapidité et efficacité !

L'idée principale dans la mise en scène de la vie quotidienne, ce n'est pas tant de faire quelque chose de raffiné ou de chiadé que d'occuper au maximum le terrain.

Le but, c'est de toujours avoir un truc à refiler à votre communauté. De constamment créer du contenu. Pour ça, gardez votre téléphone, votre appareil photo ou votre caméra en permanence à portée de main, enregistrez tout ce que vous faites, balancez-le sur le Net, et voilà, le tour est joué.

Astuce : Si vous souhaitez optimiser les bénéfices de cette technique, soyez très attentif aux retours de votre audience. À force de mettre en scène votre vie quotidienne, et de la poster sur le Web, vous pourrez commencer à connaître les types de contenus qui fonctionnent et ceux qui ne fonctionnent pas. Bien souvent, vous aurez des surprises. À vous d'utiliser au mieux ces résultats pour ensuite proposer du contenu optimisé, exploitant l'angle le plus captivant et en mesure de vous permettre d'obtenir le plus de réactions et de partages.

Ne vous entêtez pas à vous faire des plaisirs perso n'intéressant personne. Donnez à vos fans ce qu'ils veulent !

Si ce type de contenu ne sera probablement pas en mesure de vous faire remarquer, il est parfait pour occuper le terrain et entretenir votre visibilité.

Avantage(s) : Faible coût. Vite produite, vite consommée, la mise en scène de la vie quotidienne permet d'occuper le terrain et de rester sous le regard des gens sans trop d'efforts.

Inconvénient(s) : Faible intérêt et concurrence énorme. Tout le monde pond ce type de connerie. Si vous ne proposez rien de plus consistant et de plus croustillant, vous finirez par sombrer dans les tréfonds du Web et être oublié de tous. À n'utiliser qu'entre deux gros coups, histoire de faire patienter votre public et d'exaspérer à faible coût rageurs et détracteurs.

Petit test de mise en scène de votre vie quotidienne

Vous apprenez qu'un proche est atteint d'une maladie grave, quelle est votre réaction ?

a / Vous vous rendez immédiatement à son chevet.
#pasDeTrace #pasDeTracePasDePartages #pasDePartagesPasDeLikes #pasDeLikesPasDeBuzz #tchi #queDalle #nada #peauDeZob #anonymat

b / Vous vous rendez immédiatement à son chevet, faites un selfie avec lui sous son profil le plus maladif, et vous le partagez sur les réseaux sociaux.
#maladie #moodOfTheDay #tousUnisContreLaMaladie #selfie #pasCool #mauvaisDélire #likeSiTEsContreLaMaladie #likeSiTuConnaisUnProcheQuiATraverséCetteEpreuve #like4like #abo4abo #share4share #sub4sub #follow4follow #dansQuinzeJoursSortMonNouvelAlbum

c / Vous préparez un communiqué de presse annonçant votre retrait temporaire du monde médiatique afin de pouvoir consacrer du temps à ce proche, puis vous vous rendez à son chevet, faites un selfie avec lui sous son profil le plus morbide et vous le partagez sur les réseaux sociaux.
#tristesse #sniff #çaVaChialerDansLesChaumières #sortezLesMouchoirs #pasDePetitsProfits #rienNeSePerd #toutSeTransforme #deTouteFaçonIlEstMalade #autantQueTouteCetteMerdeProfiteÀQuelquUn #neMeFaitesPasDireCeQueJeNaiPasDit #MaisOnNeVaPasSeMentirNonPlus

d / Tout pareil que pour la réponse **c**, et après avoir pris soin de diffuser votre contenu sur les réseaux sociaux, vous attendez patiemment le moment où il aura une effroyable quinte de toux pour lancer un direct. Si ça ne vient pas naturellement, vous la provoquez en lui faisant ingurgiter un truc qu'il n'aime pas des masses.

#ohLaVilaineToux #faitesDesDonsPourLeSauver #unEuroVerséUnEuroDétourné #onAQuUneVie #maisPlusieursComptesEnBanque #çaSentMauvais #seraitCeLOdeurDeLaMort #tAsPenséÀFaireTonTestament #seraitTempsDeCalerUnRDVAvecLeNotaire

e / Tout pareil que pour la réponse **d**, et vous profitez de la situation pour vendre une interview exclusive au sujet de la terrible épreuve que vous traversez. Au passage, vous tentez de négocier une autorisation de tournage depuis la chambre d'hôpital, histoire de démultiplier l'impact du résultat.

#onPeutFaireLeMillionDeVues #cEstQuiLePatron #bossDuGame #pitiéMeursPasEnMonAbsence #surtoutFaisPasLeConMeursPasAvantLInterview #parContreTePrivePasPourLeFairePendant

Si vous avez besoin des résultats de ce test, c'est que vous n'êtes peut-être pas prêt à faire le buzz, et encore moins à devenir célèbre rapidement.

Posez-vous les bonnes questions !

Même si d'un certain point de vue, on sera tous d'accord pour dire qu'un proche atteint d'une maladie grave, c'est tragique, triste, éprouvant, tout ça tout ça.

D'un autre côté, indépendamment des résultats du test et de votre avis les concernant, force est de reconnaître que ce n'est pas la fin du monde, la terre continue de tourner.

On est abattu, d'accord. Il va peut-être pas s'en sortir, il a de grandes chances de mourir, alors forcément, ça fout un coup au moral. Ça sonne même les plus coriaces. Malgré tout, faut encaisser et poursuivre son petit bonhomme de chemin.

Une fois passés le choc et la douleur de l'annonce, bien orchestré, c'est le genre d'événement qui peut facilement se transformer en formidable opportunité et campagne publicitaire à faible coût. Imaginez votre cote de popularité augmentant à chaque nouveau selfie... Tentant, n'est-ce pas ? C'est exactement ce que ça pourrait vous apporter si vous négociez correctement la situation.

Faudrait pas qu'il meure ou guérisse trop vite, histoire de vous laisser l'opportunité de bien amortir la phase maladie, et c'est le jackpot assuré. Derrière, on parle de dizaines d'articles, d'interviews, d'émissions de télévision, d'un livre... peut-être même d'un film avec vous pour interpréter votre propre rôle.

Pardon ? Qu'est-ce que j'ai encore dit qu'il ne fallait pas dire ? Mais c'est là ! Ça vous arrive ! Ça vous tombe sur le coin de la gueule ! Autant l'utiliser à votre avantage, non ? Ignoble ? Abject ? Dégueulasse ? Ah ouais, quand même !

Mais qui a dit le contraire ? Est-ce que le titre de ce conseil, c'est quelque chose comme « Le plus sûr chemin vers le Paradis » ? Alors oui, c'est moche, c'est sombre, c'est violent. Mais sur le principe, ça fonctionne de la sorte.

Encore une fois, je ne vous dis ni de le faire, ni que je pense que c'est une bonne chose de le faire, je constate juste que ça a fonctionné pour certains, que ça a été un véritable tremplin.

Enfin bref, quoi qu'il en soit, vous n'avez pas à reproduire le contenu de ce livre à la lettre, mais à vous en inspirer. Il est là pour vous aider à développer un état d'esprit propice pour faire le buzz. Si cet exemple vous débecte, ne vous en servez pas. Par contre, soyez intelligent et tirez-en les leçons. Qu'il vous plaise ou pas, il y a des choses à en apprendre.

Le plus important dans cette illustration selon moi, et que vous devez garder en tête, c'est de toujours faire en sorte de mettre en scène votre vie quotidienne de façon intelligente et optimisée pour booster votre ascension professionnelle.

Astuce : Commencez par mettre en scène des petits moments simples de votre vie quotidienne, avant de vous attaquer à des thématiques émotionnellement beaucoup plus chargées et compliquées à gérer. Habituez-vous à partager tout et n'importe quoi, et à encaisser les critiques gratuites des rageurs, avant de vous aventurer dans des mises en scène plus avant-gardistes et/ou polémiques, et dont vous ne supporterez probablement pas la violence des retours.

L'exemple décrit dans le test est formellement déconseillé à toute personne débutant dans la discipline. Il n'est pas à la portée de tous et nécessite un très haut niveau de savoir-faire et une maîtrise totale de la discipline. Concentrez-vous sur des mises en scène de la vie quotidienne plus simples, puis augmentez-en progressivement le degré de complexité et de subversion. Vous repousserez ainsi vos limites et votre faculté à vous exhiber, sans prendre de risques inconsidérés.

AVERTISSEMENT : Faites tout votre possible pour que vos proches ne soient ni malades ni mourants… au moins tant que vous n'êtes pas en passe d'accéder à la célébrité.

Si ce genre de tragédie vous vaudra certainement d'être le centre de l'attention de votre petit cercle relationnel, un défunt ou un malade en tant qu'anonyme, ça n'est rien d'autre que des emmerdes, des larmes, de la tristesse, du souci, du chagrin… et une monstrueuse dépense financière !

Sincèrement, un enterrement de nos jours, ça vous vide un compte en banque plus vite que quinze jours de vacances dans une destination de rêve à base de débauche totale et sans limites. Un proche atteint d'une maladie qui s'éternise, encore pire ! C'est un coup à devoir hypothéquer sa baraque et revendre ses organes sur le dark web. Alors, ne négligez jamais la santé de votre entourage avant d'avoir atteint une certaine notoriété, vous n'en retireriez aucun bénéfice.

Faire le buzz – Ce qu'il faut retenir

Pour résumer, voici les grandes lignes à retenir et à garder gravées dans un coin de votre esprit si vous ambitionnez de devenir célèbre rapidement et faire le buzz.

- Bannissez le rédactionnel format long.
- Privilégiez le rédactionnel format ultra-court.
- Soyez original.
- Ayez un message court et simple.
- Rabâchez-le jusqu'à plus soif.
- Le visuel est plus important que le contenu.
- Mettez le visuel au centre de votre démarche.
- Associez contenu court et visuel percutant.
- Intégrez un brin de fion ou de nichon.
- Ne vous déplacez jamais sans une caméra.
- Captez l'attention des gens.
- Travaillez la viralité de votre contenu.

– Déclinez ce qui fonctionne en série.
– Créez des rendez-vous récurrents.
– Utilisez la puissance d'Internet et des réseaux sociaux.
– Emballez votre contenu de titres accrocheurs.
– Maîtrisez l'art du trolling.
– Provoquez la colère et l'indignation.
– Mettez en scène votre vie quotidienne.
– Pensez rapidité et efficacité.
– Ayez à l'esprit que tout est du contenu.
– Soyez très attentif aux retours de votre audience.
– Optimisez votre contenu pour un maximum de visibilité.

Faire le buzz – Conclusion

Comme dit précédemment, le but est de faire le buzz et de devenir célèbre rapidement, pas de finir en taule, alors prenez garde à la surenchère ! De plus en plus de personnes se battent pour obtenir leur quart d'heure de gloire, il est donc de plus en plus difficile d'y parvenir.

Soyez malin, ne vous faites pas absorber par la spirale infernale de l'exagération et de la provocation.

Pensez différemment, essayez constamment de trouver un angle original, inédit, novateur, surprenant… et repoussez les limites sans pour autant les dépasser.

Si jamais vous n'êtes pas sûr d'en être capable, mon dernier conseil serait : dès que vous en aurez les moyens, offrez-vous les services d'un avocat afin de pouvoir repousser les limites au maximum, mais toujours dans le respect de la dignité humaine et dans le cadre de la loi en vigueur dans votre pays.

RÉUSSIR SA MÉDIATISATION

Au cours des précédents chapitres, nous avons abordé et décortiqué différentes pistes afin d'attirer l'attention et de devenir célèbre rapidement.

Il est désormais temps de passer à la phase 2, et de commencer à réfléchir aux meilleurs moyens de réussir sa médiatisation et d'inscrire sa carrière sur le long terme.

Si Internet ne cesse de croître et que les « médias traditionnels » perdent du terrain, ils n'en restent pas moins des références et une sorte de passage obligatoire afin d'asseoir votre notoriété et de vous faire connaître du plus grand nombre. Ils sont en mesure de vous offrir une espèce de tampon « Vu dans les médias », un vernis brillant de respectabilité qui vous démarquera de l'immense masse des prétendants à la célébrité, et donneront une nouvelle dimension à votre notoriété naissante.

Passer une heure sur un divan, à répondre aux questions faussement impertinentes d'un animateur de divertissement chouchou des ménagères de moins de cinquante ans, ça vous élève plus d'un fieffé couillon du statut de péquin lambda à celui de gloire nationale.

Important : Quelle que soit l'ampleur que pourrait avoir votre notoriété sur le Web et l'importance des revenus que vous parviendrez à générer par ce biais, ne négligez pas les médias du vieux monde et œuvrez autant que possible pour y réussir votre médiatisation.

De l'importance de rester concentré sur ses objectifs

N'oubliez jamais que passer à la télévision à une heure de grande écoute n'est pas une fin en soi. C'est bien, c'est un long combat pour lequel vous devrez livrer de nombreuses batailles, mais ce n'est pas votre objectif principal. Que l'on se souvienne de vous, que l'on ait envie de vous voir à nouveau et que tout le monde finisse par connaître votre jolie petite frimousse et votre nom, voilà quel est votre but véritable.

Réussir à caler cette bouille de rêve et votre dénomination sur tout ce qui bouge : parfums, fringues, boissons, posters, déodorants, slips, chaussettes, chips, conserves, préservatifs, tampons hygiéniques, mugs, figurines… voilà l'objectif à ne jamais perdre de vue. Y a masse de billets à se faire dans l'aventure, s'agit de ne pas les laisser s'envoler dans la nature.

Si réussir à mettre la main sur son quart d'heure de gloire est déjà une excellente chose… poser ses valises et s'installer durablement dans ce monde de strass et de paillettes est l'ambition réelle et ultime.

La route est longue, pavée d'embûches et d'obstacles, remplie d'ennemis et d'envieux qu'il va vous falloir identifier, éviter, voire neutraliser, si vous souhaitez accéder à votre rêve : devenir célèbre durablement. Voilà pourquoi, dans les lignes qui vont suivre, nous allons passer en revue les principaux critères qui vous permettront d'être apprécié des médias grand public et de voir votre notoriété s'accroître.

CONSEIL N° 1 : SOYEZ ORIGINAL

L'univers est rempli de mecs et de nanas chiants à mourir, qui savent tout sur tout, mieux que tout le monde, mais que personne ne connaît.

Si vous voulez mon avis, mieux vaut être un con connu de tous qu'un génie connu de personne.

Une chose très importante pour réussir sa médiatisation dans le but de devenir célèbre rapidement, c'est de ne pas vous tromper de tonalité et d'oublier le premier degré.

Être sérieux, ennuyeux ou soporifique, c'est un truc à la portée du premier venu. C'est du quidam de base et ce n'est clairement pas avec ça que vous allez attirer l'attention sur vous, encore moins voir s'accumuler les demandes d'interview et enchaîner les plateaux télé.

Il n'y a que si vous êtes éventuellement un expert en quelque chose que vous pouvez vous permettre d'être barbant ou premier degré. Mais si ce n'est pas le cas, oubliez cette posture. Elle est à proscrire définitivement.

Soyez original. Soyez différent. Soyez inédit.

À la question :
– Que pensez-vous des transports en commun ?

Ne surtout pas répondre :
– Ils font chier. Ils sont tout le temps en grève !

Ne surtout pas répondre :
– Ça pue, c'est sale et c'est mal entretenu.

Ne surtout pas répondre :
– C'est trop cher pour ce que c'est ! À mon époque, les tickets coûtaient moins de deux sesterces et la qualité des services étaient nettement supérieure.

Ne surtout pas répondre :
– Depuis la création en 1662 des carrosses à cinq sols par Blaise Pascal sur autorisation de Louis XIV, qui fut, il faut le rappeler, la première expérimentation au monde de transport en commun urbain, il faut reconnaître que si beaucoup de choses laissent encore à désirer, il y a eu de nettes avancées et une amélioration constante des services proposés.

ALERTE ENNUI ! JE BÂILLE ! EN ROUTE POUR L'ANONYMAT !

Sincèrement, aucune des réponses précédentes ne sera en mesure d'attirer l'attention sur vous. Elles sont nulles et déjà entendues mille fois. À part peut-être la dernière qui, bien qu'un peu chiante, sonne expert sur le sujet et élève le niveau du débat. De là à vous permettre de faire le buzz…

À la question :
– Que pensez-vous des transports en commun ?

Répondre :
– Ils devraient organiser des soirées mousse de bon matin. Des sortes d'after work, mais en « before work », à l'intérieur même des rames. Vous voyez c'que j'veux dire ? Une action bonne ambiance, bon délire, histoire de détendre les usagers et de leur filer des bonnes vibes pour la journée ! D'leur foutre le smile et d'les mettre dans un good mood trip sain, avec distrib' de petits déj' gratos pour tout le monde, genre space cake et infu de champi énergisante en total free love pour bien démarrer la journée. Du feel good en libre-service, quoi.

De suite, c'est mieux. On n'a pas tout compris, on se demande quel type de champignon le gars a foutu dans ses tagliatelles et envisage de caler dans ses infusions – peu de chances qu'ils viennent de Paris, effectivement –, mais ça fait rire. Ça attire l'attention.

Ce genre de répartie, complètement loufoque, a le mérite d'être original et change du tas de réponses copiées-collées de gens grognons bougons, que vous auriez pu entendre n'importe où, à n'importe quel coin de rue ou au comptoir de n'importe quel bistrot de quartier.

En fin de compte, si vous ambitionnez de devenir célèbre, mais que vous n'êtes pas en mesure d'élever le niveau de vos réponses au-dessus de celui du poivrot de base, vous allez avoir du mal à attirer longtemps l'attention sur vous.

Sans parler d'être brillant, plein d'une verve étincelante, soyez différent. Perché, rigolo, étrange, instable, belliqueux, farfelu, à côté de la plaque… peu importe, l'idée c'est de vous démarquer de la masse des réponses similaires.

Pourquoi tendre vers vous un micro pour avoir votre avis sur un sujet, s'il suffit de faire un micro-trottoir et de poser sa caméra cinq minutes à une sortie de métro pour avoir dix verbiages identiques au vôtre ?

Exemples et cas pratiques :

C'est votre première interview et vous souhaitez marquer les esprits. Peut-être que le présentateur va vous poser des questions intéressantes, peut-être pas. Peut-être qu'il va y avoir une forte audience, peut-être pas.

À vous de vous assurer que dans tous les cas on se souvienne et parle de votre passage. Ne remettez pas votre destin entre les mains du hasard. Provoquez les choses.

POSSIBILITÉ N° 1 : LA MAUVAISE RÉPONSE MODE ANONYMAT ACTIVÉ

Vous vous comportez en bon élève et répondez correctement aux questions que l'on vous pose.

À la question : Bonjour. Comment allez-vous ?

Vous répondez : Bien, merci. Je suis très heureux que vous m'ayez invité sur votre plateau.

ALERTE ENNUI ! JE BÂILLE ! EN ROUTE POUR L'ANONYMAT !

C'est nul comme réponse. Ça ne vaut rien. Zéro. À chier.

« Bien, merci » ? Putain, mais vous êtes sérieux là ? Vous n'avez rien retenu ni écouté de tous les brillants conseils que je m'échine à vous prodiguer ? Vous vous en servez à autre chose qu'à vous torcher le cul, des dizaines de pages que j'ai noircies pour vous venir en aide ?

Vous entendre dire ça, vous imaginer dire ça me donne envie de vous tatаner la tronche, de vous flageller à grands coups de fouet entre les omoplates, de vous poncer salement la gueule, de vous violenter à un point dont vous n'avez même pas idée. Sincèrement, s'il n'existait pas des lois pour m'en empêcher, je serais probablement déjà en train de vous faire effectuer des tours de périphérique accroché au pare-chocs arrière de ma voiture !

Là, pour l'instant, j'suis sympa, j'suis patient, j'la joue pédagogue, respectueux, à fond dans l'écoute et le dialogue, sans la moindre distribution de torgnoles. Mais abusez pas non plus ! N'en profitez pas pour pousser le bouchon ! Continuez à me faire perdre mon temps et j'peux vous assurer que j'vais changer de méthode pédagogique. On va faire un saut dans le temps et la suite de la démonstration va se faire à l'ancienne, à grands coups de parpaings dans la gueule.

« Bien, merci » ? Une fois, mais pas deux. Ça se reproduit, je vous lacère à l'épluche-légumes ! Parole ! Ça se réglera à l'économe, dans les cris, les larmes et le sang !

Bon après, vous faites ce que vous voulez, nous sommes dans un pays libre, un État de droit, une démocratie, je n'ai pas à vous menacer, tout ça tout ça…

Mais putain, sérieusement, venez pas vous plaindre ou pleurnicher si personne n'écoute, ne lit, ne regarde ou ne remarque votre interview. Je vous aurai prévenu.

En répondant façon couillon moyen, vous vous condamnez à retourner dans les bas-fonds du Web aussi vite que vous en êtes sorti, et à ne plus jamais être invité nulle part.

Vous pensez sérieusement que qui que ce soit va parler de ça ? Le reprendre ou le partager ? Autant être honnête, à part peut-être vos parents à leurs amis, votre gentil petit papi à son boucher, ou votre marraine chérie à ses amies du club de salsa, franchement, personne ne va en causer.

POSSIBILITÉ N° 2 : LA BONNE RÉPONSE MODE ANTI-ANONYMAT ACTIVÉ

Vous évitez le piège de la normalité et du premier degré, et vous vous comportez, au choix, en un personnage :

– chaud du cul qui drague tout ce qui bouge ;

– insolent et violent, doté d'un goût notoire pour le sang et d'une incroyable facilité à distribuer des mandales ;

– illuminé et totalement perché qui n'est jamais redescendu depuis un mauvais trip dans une hutte à sudation ;

– étrange et mentalement perturbé qui pue l'instabilité et connaît des trucs peut-être un peu trop « originaux ».

Enfin bref, n'importe quoi, comme vous préférez, tant que ça sort de l'ordinaire et vous permet de transformer une banale interview en un mémorable moment médiatique.

À vous de voir en fonction du type d'émission, de l'effet recherché, de votre caractère, de votre humeur et de vos facilités à l'incarner, quel personnage convient le mieux. Mais par pitié, fuyez la normalité et faites toujours le choix d'une interprétation en mesure de marquer les esprits.

Option personnage chaud du cul :

À la question : Bonjour. Comment allez-vous ?

Répondre : Ça va bien. Surtout depuis que vous m'avez posé la question, beau brun. Vous avez prévu quelque chose après l'émission ? Parce que j'ai un petit creux et je me ferais bien une bonne saucisse. Qu'est-ce t'en penses, mon mignon ? Tu verrais un inconvénient à me laisser jouer avec ta chipo ?

Option personnage violent :

À la question : Bonjour. Comment allez-vous ?

Répondre : Qu'est-ce ça peut t'foutre ? J't'en pose, moi, des questions ? Non, mais sérieux, tu t'es pris pour qui ? Pourquoi tu dis ça ? Pourquoi ça irait pas ? Y aurait des raisons qu'ça aille pas ? Genre j'suis un fou et forcément y aurait un truc qui irait pas avec moi ? Ben qu'est-ce tu sous-entends, alors, petite merde que tu es ? Tu veux en venir où ? Ça veut dire quoi ces insinuations de raclure de chiotte ? Ouais, c'est ça, rien de méchant. Prends-moi pour un con, en plus. Non, non, rien à branler, juste ferme-la ! Encore un mot et j'te désosse. Sérieux, ouvre à nouveau ta vieille mouille et j'te démembre !

Option personnage illuminé :

À la question : Bonjour. Comment allez-vous ?

Répondre : Depuis que la lumière, source de vie et d'épanouissement, m'a transpercé et sauvé, nulle douleur ou tristesse n'habite plus mon cœur. Tu es la Terre, je suis la Vie. Tu es la Vie, je suis la Terre. Nous sommes Vie, Terre et Lumière. Nous sommes tous fruits de la lumière, Un dans cette vie, Un sur cette terre, Un dans l'Univers. Nous sommes tous l'unité faite chair, nous sommes tous les enfants de la lumière. C'est pour ça que je t'aime, c'est pour ça que tu m'aimes, c'est pour ça que je vais bien, que tout va bien.

Option personnage étrange :

À la question : Bonjour. Comment allez-vous ?

Répondre : Vous saviez que les femelles canards avaient des vagins en forme de labyrinthe afin d'empêcher les copulations forcées de la part des mâles, qui, eux, ont des pénis en forme de tire-bouchon qui peuvent se déployer sur plus d'une vingtaine de centimètres à une vitesse avoisinant les 100 km/h lorsqu'ils entrent en érection ? C'est fou les choses dont est capable la nature, non ? Prévoir des zguègues en forme de tire-bouchon pour permettre aux mâles de s'accoupler malgré des vagins en forme de labyrinthe, ça m'émeut ! Ça me fout de bonne humeur ! J'trouve ça fou ! Et comment pourrais-je aller autrement que merveilleusement bien, face à tant de beauté et d'ingéniosité ? Putain ouais c'que j'aime la vie ! Ouais, j'aime grave la vie ! J'aime la nature ! J'aime les canards ! J'aime les vagins ! J'aime les labyrinthes ! J'aime les zguègues courbés, les zobs de traviole, les zboubs tire-bouchon ! Ouais, j'aime les tire-bouchons ! Et j'aime aussi le vin ! J'aime le raisin ! J'aime la vie, tout simplement ! J'me drogue à la vie ! La nature est si belle, si fascinante ! Ah là là, c'est fou comme j'aime la vie ! Et vous, vous aimez la vie ?

L'objectif, c'est de créer un événement hors du commun. Différent. Inhabituel. De déstabiliser totalement votre vis-à-vis et de faire de votre passage un moment médiatique dont on se souviendra. Un instant mémorable qui fera de vous le centre de l'attention, marquera durablement les esprits et dont les gens parleront pendant très longtemps.

Avec un peu de chance, avec votre réponse, vous allez totalement scotcher votre interlocuteur, il ne saura pas quoi vous rétorquer, peinera à enchaîner, et ça créera un malaise. Ou bien ça provoquera en lui une réaction complètement inattendue, une réplique peut-être encore plus loufoque que votre répartie initiale, un fou rire, un regard délirant de personne se demandant qui est l'énergumène en face de lui, un enchaînement pataud, rigolo ou incongru…

Peu importe, dans tous les cas, ce sera le moment de saisir votre chance et d'enfoncer le clou. Place à l'improvisation et au funambulisme médiatique. À cet instant, vous devrez vous adapter et surfer la vague qui se présentera, quelle que soit sa forme, sa taille et sa puissance. Tout ce que vous devez garder en tête, c'est que plus l'ensemble prendra une tournure délirante et sortant de l'ordinaire, plus ce sera bénéfique pour tout le monde. La séquence sera reprise de partout, aussi bien dans les autres médias que sur les réseaux sociaux, et on en parlera pendant des jours sur le Web, dans la rue, dans les transports en commun, aux comptoirs des bistrots, dans les cours d'école ou aux machines à café.

Voilà pourquoi vous devez éviter le premier degré comme la peste et miser sur l'originalité.

Avantage(s) : On se souviendra de vous. L'originalité laisse rarement indifférent. Elle suscite des réactions, provoque des commentaires, génère des conversations.

Inconvénient(s) : Le ridicule. La frontière entre originalité et ridicule est parfois bien mince, et il est facile de passer de l'un à l'autre sans même s'en rendre compte.

Cela reste néanmoins un risque à courir si vous souhaitez que l'on parle de vous.

CONSEIL N° 2 : SOYEZ BEAU

Pour avoir la moindre chance de passer à la télévision, le meilleur conseil que je puisse vous donner, c'est : soyez beau.

Les gens comme moi, pas spécialement beaux, voire plutôt moches, sont rarement les bienvenus dans les médias.

On nous tolère lors des micros-trottoirs, comme un mal nécessaire, histoire de donner notre avis sur la grève en cours, la météo déplorable, la canicule à venir, nos astuces fraîcheur pour pallier à la vague de chaleur ou le nouveau projet de loi polémique du gouvernement. Le but étant de donner un cachet « authentique » au contenu, et d'illustrer le sujet avec les commentaires d'un « homme du peuple », de préférence grande gueule et, si possible, vraiment pas content du tout à l'idée de ces perturbations et changements.

Dans ce type de situation, esthétiquement, tout est toléré. C'est un des rares moments où la beauté n'entre plus en considération et où aucun fashion faux pas n'est sanctionné. Au contraire, ils sont encouragés, parfois même recherchés.

Maillot de bain moule-burnes avec motte de persil qui dépasse du slibard, vieux bob usé de quarante ans d'âge doté d'un logo d'une marque qui n'existe plus en guise de couvre-chef, touffe de poils sortant des oreilles, bermuda ridicule, sandalettes en cuir avec chaussettes de sport blanches, tee-shirt aux couleurs du festival de la saucisse de juin 1982, dentition approximative, enfants surexcités dans les bras, vieux chariot branlant prêt à aller faire les courses devant soi, cheveux en pétard, cernes sous les yeux, traits tirés de gars fracassé tellement plongé loin dans les emmerdes qu'il semble ne pas avoir dormi depuis quinze jours... dans ce cadre-là, tout est permis. Y a pas de limites !

Alors que dans quasiment toutes les autres configurations d'enregistrement, ça ne se passe jamais sans au moins une tonne de lumière, du maquillage, de la coiffure, du stylisme...

Pour ce qui est des « vrais gens » interpellés à la volée lors d'un micro-trottoir, c'est un autre délire. C'est au saut du lit, à la sortie du métro, dans les embouteillages... avec des crottes dans les yeux, transpirant, mal fagoté. Que des situations où ne pas être beau peut devenir un avantage.

Au saut du lit, plus t'as une sale tête, plus ça va faire véridique. À la sortie du métro, plus tu vas avoir une tronche de traviole, plus ça va faire personne qui galère tous les jours dans les transports en commun. Dans ta voiture, plus tu vas transpirer, plus ça va faire personne coincée depuis des plombes dans les embouteillages. Si, en plus, la banquette arrière est blindée de marmots qui chialent, c'est top. L'idée derrière tout ça doit être quelque chose comme : plus la personne interrogée est « en vrac », moins y a de doutes sur le fait que c'est une « vraie personne » de la « vraie vie ».

D'un autre côté, il est facile de comprendre la raison de ces choix. Imaginez une personne chargée de faire une vidéo sur un sujet plutôt terne et ennuyeux, qui revient inlassablement chaque année, déjà traité des milliers de fois par des centaines d'autres personnes. Mettez-vous un peu à sa place, et vous réaliserez rapidement qu'elle n'a pas des masses d'options.

Soit resservir la même soupe que tout le monde et toutes les autres fois où elle a déjà traité le sujet, au risque de servir quelque chose manquant cruellement de saveur. Soit trouver un « gars du peuple », grande gueule, bien vénère, la tête et les fringues de travers, pour lui demander son avis sur le sujet, de préférence sous un angle croustillant et bien polémique.

Immanquablement, ça va faire de bonnes images.

Assurément, elle ne reviendra pas avec la même connerie que d'habitude et que tous les autres. Elle va pouvoir servir une petite douceur bien sucrée ou un plat principal bien épicé.

Idée de recette rapide pour un micro-trottoir réussi :

1 – Trouver une « cible » avec un look « authentique ».

2 – La faire reposer au soleil, sous la pluie ou dans le vent.

3 – La laisser mijoter tranquillement dans son jus quelques minutes en prétextant devoir régler la caméra.

4 – Profiter de cette attente pour la porter à ébullition en lui posant des questions agaçantes.

5 – Une fois « l'homme du peuple » à point, bien chaud d'action et prêt à en découdre, établir la connexion pour le direct, appuyer sur enregistrer et laisser la magie opérer.

6 – Place à la dégustation ! Il ne vous reste plus qu'à savourer ce micro-trottoir préparé avec amour.

Malheureusement, concernant cet « homme de la rue », même s'il fait une superbe prestation, il n'y aura pas de quoi envisager une carrière dans le domaine par la suite. Encore moins espérer devenir la nouvelle égérie d'une marque de quinoa bio ou de yaourts aux figues censés faciliter le transit. En même temps, ce n'est pas ce qu'on attend de lui.

Par contre, pour ce qui est de faire réagir, rire, frissonner, agacer l'honnête citoyen confortablement installé dans son salon, je pense qu'on tient une pas trop mauvaise recette.

Astuce : Si vous estimez que vous ne pouvez pas faire reposer votre fonds de commerce sur l'apparence physique, mais souhaiteriez malgré tout faire quelques passages dans les médias à une heure de grande écoute, voici une astuce.

Traînez régulièrement aux abords des péages d'autoroute, des sorties d'écoles, des manifestations, des grandes surfaces, des stades, des meetings politiques, des gares, des aéroports... en période de grève, de départs en vacances, d'événements sportifs, de campagne électorale, de météo capricieuse ou d'augmentation de la TVA... à la recherche d'équipes de tournage. À chaque fois que vous en trouverez, portez-vous volontaire pour donner votre avis en direct sur un peu tous les sujets, en vous évertuant à faire et dire n'importe quoi.

Agir de la sorte peut être un excellent moyen de vous faire remarquer et de vous créer un début de portfolio médiatique.

En dehors de ça, des fameux micros-trottoirs ouverts à tous dont on vient de parler, les seules dérogations accordées par les médias aux « non-beaux » sont pour les bons clients, les humoristes et les experts.

Pour tous les autres, c'est compliqué d'espérer pouvoir passer entre les mailles du filet en contrevenant totalement à tous les critères de beauté en vigueur. Vous entêter à vouloir les enfreindre, c'est vous condamner à l'échec.

Musique, cinéma, théâtre, littérature, télévision, politique, sport, Web… la beauté est un plus indéniable pour ce qui est de devenir le centre de l'attention et de faire le tour des médias. À talent égal, entre un « non-beau » et un beau, le beau trouvera toujours plus à se faire inviter, toujours plus de partenariats financiers, toujours plus d'opportunités.

Si vous souhaitez devenir véritablement célèbre, vous devrez constamment garder à l'esprit que nous vivons dans une société obnubilée par l'image, sacrifiant tout sur l'autel de l'apparence et vouant un culte à tout ce qui brille.

Vouloir aller à contre-courant de ça, c'est prendre un ticket sans retour pour l'anonymat.

Ajoutez à ça que chaque média a des exigences, des spécificités et des façons de fonctionner. Les ignorer ou penser que vous allez pouvoir leur imposer les vôtres est parfaitement utopique et illusoire. Il est préférable de les connaître, de les accepter et de trouver un moyen d'en tirer parti.

À l'époque où la presse écrite tenait le haut du pavé, vous m'auriez demandé comment devenir célèbre rapidement, je vous aurais conseillé d'avoir une jolie plume. À l'époque où les ondes radiophoniques inondaient les foyers, vous m'auriez demandé comment devenir célèbre rapidement, je vous aurais conseillé d'avoir une jolie voix. À l'ère du Web et de la télé, où le visuel est au cœur du système et règne en maître, je ne vois d'autre conseil à vous faire que d'avoir une jolie frimousse.

Les nouveaux médias faisant la part belle à l'image, ils sont donc bien souvent impitoyables avec cette règle.

Être beau est quasiment devenu un impératif.

Où l'on parle des rares exceptions concernant la beauté

Même pour un passage télé concernant le boson de Higgs, le fait d'être beau ou pas peut jouer dans la balance. Le sujet risque d'être long, ennuyeux et difficilement compréhensible pour le grand public, il y a donc de fortes chances pour qu'il zappe assez rapidement si l'expert interrogé n'est pas apte à une vulgarisation efficace. Donc bon, à choisir entre un beau et un « non-beau », il y a une option qui peut permettre d'éviter la disparition d'une trop grande partie des spectateurs.

Mais l'avantage qu'a un spécialiste, c'est qu'il maîtrise un sujet que peu de gens maîtrisent, peut-être est-il aussi le conseiller et/ou l'ami des puissants, voire carrément à la tête d'un énorme réseau politico-médiatique. Voilà pourquoi, même « non-beau », il trouvera toujours à se faire inviter.

Soit pour causer de thèmes qu'il est le seul à piger, soit parce qu'il a ses entrées et que les plateaux télé sont un peu comme une résidence secondaire, où il vient passer quelques heures chaque début et/ou fin de journée, afin d'éduquer la populace et bassiner le petit peuple de ses conneries.

Concernant les bons clients télé, vu qu'ils affolent les courbes de l'audimat, ils sont toujours les bienvenus, et ce, quelle que soit leur apparence physique. Et pour ce qui est des humoristes, étant donné qu'ils ont un don pour nous faire rire, nous changer les idées et nous faire oublier nos soucis, on leur passe presque tout et on les accepte comme ils sont.

Plateaux télé / étalages de fruits et légumes : L'impitoyable diktat de la beauté !

Pour vous faire une idée précise de ce que je veux dire, regardez les rayons fruits et légumes de votre supermarché, et vous comprendrez en deux secondes de quoi il retourne.

On se croirait sur un plateau télé. Tout est identique, beau, propre, formaté, lisse, aseptisé, bien rangé, sans aspérité, pensé pour plaire au plus grand nombre, pour vendre un maximum.

Dans la plupart des grandes surfaces, ça fait belle lurette qu'on a retiré les fruits et légumes légèrement biscornus, et qu'on normalise de plus en plus les aliments afin qu'en émane un sentiment de confiance et de sérénité, histoire de ne pas heurter la sensibilité du consommateur et de faciliter la vente.

Après, faut être honnête, nous sommes en grande partie responsables de cet état de fait et de la démocratisation de ces pratiques. Si les gars percutent qu'on préfère une jolie tomate bien rouge, bien lisse et bien ronde, mais sans la moindre saveur, à une autre, certes biscornue, cabossée et à la robe non uniforme, mais pleine de goût, ils agissent en conséquence. Sont là pour vendre, pas pour préserver la biodiversité.

AVERTISSEMENT : Ce qu'il faut savoir sur la chirurgie esthétique

Après tout ce que je viens de vous dire concernant la beauté et le culte délirant qu'on lui voue, vous devez peut-être vous dire que la chirurgie esthétique est sans doute une bonne option pour vous permettre de réussir médiatiquement et de devenir le centre de toutes les attentions. Si vous voulez mon avis, le passage par la case bistouri est une fausse bonne idée.

Alors, certes, si jamais vous ne correspondiez pas parfaitement aux critères de l'époque, ça pourrait être un moyen rapide et efficace de vous raccrocher au wagon de tête. Mais les modes changent et le rendu ne sera peut-être pas à la hauteur de vos espérances. Il est donc préférable de s'accepter tel que l'on est plutôt que de passer sur le billard. Surtout si vous ne le faites pas essentiellement pour vous, mais principalement pour plaire aux autres.

Si c'est pour de petites modifications, pour vous aider à être mieux dans votre peau, alors ouais, pourquoi pas. Si c'est vraiment pour de très gros changements et une mutation importante et en profondeur de votre enveloppe corporelle, prenez bien le temps de réfléchir avant de vous lancer.

Si l'idée de départ qui vous pousse, ce n'est pas votre bien-être mais votre ascension professionnelle, faites attention à ne pas dépasser certaines limites, sans quoi vous risquez de vous retrouver avec une bouche de canard, des nichons d'alien et une tête d'extra-terrestre. Et s'il n'est pas impossible qu'une direction artistique aussi avant-gardiste vous offre une certaine forme de visibilité, des tas d'articles et des invitations sur certains plateaux de télévision pour venir parler de votre transformation et de vos 1 397 interventions chirurgicales… psychologiquement, ça pourrait être dur à encaisser.

Soyez sûr de ce que vous faites avant de vous aventurer sur cette voie, elle est sans retour possible.

Autre chose importante que vous devez savoir, le choix du toubib est primordial. Ne faites pas n'importe quoi.

Bien souvent, vous aurez le choix entre des cliniques hyper réputées mais hors de prix… et des cliniques plus abordables, mais avec des services peut-être moins haut de gamme, pour ne pas dire low cost, fatalement obsédées par la rentabilité et la réduction des coûts. Réfléchissez bien avant de vous décider.

D'un côté, il y a le tarif. De l'autre, il y a votre santé. Ne faites pas votre choix à la légère.

Par ailleurs, soyez conscient que le choix des plus réputés n'est pas complètement sans inconvénient. Si jouer la sécurité, et faire appel aux chirurgiens des plus grandes stars, c'est vous assurer une certaine qualité… c'est aussi prendre le risque de vous retrouver avec la même bouche, le même nez, la même poitrine, les mêmes fesses, les mêmes pectoraux ou le même pénis que tous vos concurrents.

Alors, certes, en agissant de la sorte, vous vous assurerez de correspondre parfaitement aux diktats de la mode en vigueur dans votre pays, mais pour ce qui est de l'originalité, de vous démarquer et d'attirer l'attention, faudra repasser.

Vous ne serez plus qu'un énième clone siliconé, fabriqué à la chaîne à partir du même moule que tous les autres.

Donc bon, entre contrainte budgétaire, normes d'hygiène, respect des critères de beauté et originalité, à vous de voir ce qui vous convient le mieux et de faire votre choix.

Bonus :
De l'intérêt de développer votre spécificité

Si, comme moi, vous êtes clairement un « non-beau » – ou, du moins, que vous n'êtes pas suffisamment beau pour espérer faire reposer tout votre fonds de commerce sur votre seule apparence physique –, mais que vous ne pouvez faire votre deuil de la médiatisation et de la célébrité, que vous désirez véritablement plus que tout briller, sans pour autant souhaiter passer par la case bistouri, je ne peux que vous conseiller de développer votre spécificité et de trouver une particularité qui vous permettra d'attirer l'attention sur vous et de vous démarquer.

Art, fringues, look, verve, humour, cynisme, désinvolture, attitude décalée, exubérance, musculature, force brute, acrobaties, souplesse, danse, musique, tatouages, piercings, implants, modifications corporelles, gastronomie, artisanat, sculpture, peinture... peu importe. Cultivez votre petit plus.

Dandysme, snobisme et exotisme sont des voies à explorer et de puissantes sources d'opportunités pour les « non-beaux » souhaitant réussir à attirer l'attention sur eux et parvenir à se frayer un chemin dans les médias.

Misez sur votre bonhomie. Développez votre humour. Travaillez votre éloquence. Aiguisez votre répartie. Soyez à la pointe de la mode. Lancez des tendances. Devenez un artiste décalé. Inventez des mouvements artistiques. Créez des danses. Attachez un soin particulier à votre apparence. Confectionnez vos propres fringues. Sculptez votre corps. Travaillez avec vos mains. Fabriquez des objets étonnants. Ce que vous voulez, peu importe, mais cultivez votre spécificité !

Où l'on parle du choix entre contenant et contenu

À choisir entre le talent et la beauté, favorisez la beauté. Avec la beauté, vous n'êtes pas sûr de parvenir à vos fins, mais du moment que vous êtes désirable et que vous savez vous faire désirer, vous susciterez constamment de l'intérêt. En étant un brin malin, vous parviendrez à vous faufiler un peu partout et finirez par arriver là où vous le souhaitez.

Le seul moment où il sera indispensable de mettre en avant votre talent, c'est lorsque votre beauté commencera à flétrir et qu'il vous sera impossible de continuer à miser dessus.

En dehors de ça, le talent, c'est un nid à emmerdes. Mal né, ce sera une source de souffrances et d'incompréhensions. Bien né, ce sera une source de jalousie et de convoitise.

Si vous pouvez combiner les deux, talent et beauté, tant mieux, mais préférez toujours mettre en avant votre beauté à votre talent. C'est moins anxiogène pour tout un chacun.

De la ménagère au cadre, en passant par l'ouvrier, le fonctionnaire, votre famille, votre patron ou vos collègues, tout le monde a fait son choix. À vous de vous y adapter.

Avantage(s) : Dois-je vraiment les énumérer ?

Inconvénient(s) : Vous serez jalousé, constamment sollicité, souvent par de gros lourdauds mal dégrossis, mais comme dit la sagesse populaire, mieux vaut faire envie que pitié. Les gens vous jalouseront peut-être, vous reluqueront sans cesse, mais ils vous envieront très certainement aussi et c'est un sentiment plus agréable et plus exploitable que l'indifférence totale ou le mépris. Alors, à vous d'en jouer.

CONSEIL N° 3 : SOYEZ UN BON CLIENT

Si l'on vous propose un entretien ou l'on vous invite à une émission, c'est le même principe que pour un repas chez des amis, ne venez pas les mains vides. Pensez à apporter toutes sortes de petites douceurs et de friandises.

Ne pas le faire, c'est prendre le risque d'être considéré comme un mal élevé et ne plus jamais être invité.

Renseignez-vous sur les goûts et préférences de votre hôte, et faites-lui un présent en accord.

Avertissement pour les personnes 100 % premier degré :

Quand je parle de friandises, c'est une image !

Ne vous pointez surtout pas avec une boîte de spécialités de votre région ou un récipient en plastique contenant une part du délicieux clafoutis de votre grand-mère, dans le but de l'offrir au présentateur qui vous a invité dans son émission.

Sauf si vous souhaitez passer pour l'idiot de province qui vient de débarquer à la capitale.

Quand je parlais de friandises, ça n'était pas vraiment le sens de mes propos. En télévision, la friandise peut prendre plusieurs formes : révélation fracassante, cris, insultes, clash, esclandre, destruction, témoignage larmoyant, confessions, exposition de votre intimité... en fonction du style de l'émission et de l'heure de diffusion.

AVERTISSEMENT : Ne fourguez pas la vue de votre intimité là où l'on attend des révélations fracassantes, et ne détruisez pas un plateau télé là où l'on attend que vous vous mettiez à chialer en parlant de votre enfance malheureuse et où les gens auront payé pour des larmes, de la morve et de l'émotion. Soyez cohérent, et faites correspondre votre friandise au contenu du programme.

Si vous avez du mal à appréhender la chose, repensez constamment à l'analogie avec le dîner chez des amis.

Vous n'offririez pas des fleurs à une personne allergique au pollen ni une bouteille de vin à quelqu'un ne buvant pas d'alcool ou en cours de sevrage.

Ça part certes d'un bon sentiment, mais la personne le prendra mal, car elle saura que vous lui avez offert un cadeau sans même faire l'effort de vous renseigner un minimum sur elle. C'est vexant et humiliant. Ça peut même faire naître des rancunes tenaces chez les individus les plus susceptibles, dont vous aurez bien du mal à vous faire pardonner.

Limite, mieux vaut ne rien offrir et passer pour un radin ou un étourdi que d'offenser des hôtes puissants dont vous souhaitez vous assurer les bonnes grâces.

Important : Si vous n'êtes pas d'humeur et ne vous sentez pas de jouer le jeu, comme pour un dîner, prétextez une excuse et désistez-vous pour revenir à un moment où vous serez plus dans l'ambiance.

Mais venir pour venir, et faire sentir votre mauvaise humeur à chaque instant, balancer des piques désagréables à la moindre occasion, ça ira une fois, mais je peux vous assurer qu'il n'y en aura pas de seconde. Les leçons de morale, les accusations, les récriminations – même si vous en avez gros sur la patate et que vous avez besoin de vous défouler –, ça ne passera pas. C'est très mal vu.

On excuse beaucoup de choses, on pardonne rarement la mauvaise humeur et l'impolitesse.

Afin de maîtriser l'art délicat d'être ce que l'on appelle « un bon client », je vous donne rendez-vous au chapitre intitulé « Devenir un bon client ».

Contrairement à ce que l'on pourrait croire, il ne suffit pas de se badigeonner la tronche de gel, de sortir ses fringues du dimanche et de parler une octave en dessous ou de gueuler trois au-dessus de la normale – histoire de se donner un genre sérieux et profond ou barge hystérique au bord de la crise de nerfs – pour que ce soit un succès.

C'est beaucoup plus complexe et subtil que cela. Encore plus si vous souhaitez véritablement en faire votre métier et passer votre vie sous les projecteurs.

Réussir sa médiatisation – Ce qu'il faut retenir

Pour résumer, voici les grandes lignes à retenir et à garder gravées dans un coin de votre esprit afin de réussir votre médiatisation et de permettre à votre notoriété d'exploser.

- Utilisez les médias pour amplifier votre célébrité.
- Fuyez la banalité.
- Soyez original.
- Faites toujours des réponses surprenantes.
- Soyez beau.
- Soignez votre apparence.
- Développez votre spécificité.
- Entre talent et beauté, préférez toujours la beauté.
- Soyez un bon client.
- Ne venez jamais les mains vides.
- Devenez expert dans l'art de distribuer des friandises.

Réussir sa médiatisation – Conclusion

Réussir sa médiatisation, après avoir longuement bataillé pour faire parler de soi et devenir célèbre rapidement, n'est pas une chose aisée.

Vous pouvez repartir dans l'anonymat aussi vite que vous êtes arrivé dans ce monde de strass et de paillettes, comme vous pouvez vous installer durablement sous les projecteurs, et signer pour dix piges de privilèges et d'argent facile à vous pavaner sur les hautes cimes de la réussite et du succès.

Pour y parvenir, tel un équilibriste, vous devrez toujours être sur vos gardes, prendre des risques calculés afin de continuer à faire parler de vous, sans pour autant faire totalement n'importe quoi, et ne surtout pas commettre le moindre faux pas, sous peine de le payer cash.

C'est un milieu impitoyable qui adore brûler ses anciennes idoles. Ne l'oubliez jamais.

Afin d'aiguiser votre lame, n'hésitez pas à mettre en œuvre ces différents conseils sur vos proches, vos amis, votre famille… et étudiez scrupuleusement leurs réactions dans le but de voir ce qui fonctionne et ce qui ne fonctionne pas.

Vous pourrez ainsi effectuer les ajustements nécessaires et peaufiner votre technique avant le saut dans le grand bain où rien ne vous sera pardonné.

Devenir un bon client

Être invité dans des émissions à forte audience n'est pas une mince affaire, mais l'être régulièrement l'est encore moins. Surtout en venant de nulle part, en n'ayant pas la moindre connaissance dans le milieu, et peut-être même aucun talent suffisamment éblouissant pour vous permettre d'attirer l'attention sur vous.

Seul moyen d'y parvenir : devenir un bon client !

Faire frétiller follement la courbe de l'audimat est une façon imparable d'avoir les faveurs des rédactions et de vous faire inviter partout, quand bien même vous n'auriez rien d'intéressant à dire, juste votre jolie frimousse à promouvoir.

À ce stade, vous devez commencer à savoir que ce n'est véritablement pas chose aisée. Dieu merci, comme on l'a vu, même s'il n'y a pas vraiment de recette toute prête qui fonctionne à chaque fois – c'est beaucoup plus complexe et subtil que cela –, il existe de nombreuses techniques qui ont déjà fait leurs preuves. J'ai essayé d'en compiler un maximum, afin que vous puissiez piocher et picorer à l'intérieur comme bon vous semble et en fonction de vos besoins, dans le but de vous permettre de devenir un bon client que l'on s'arrache.

Ce texte concerne ceux qui vont ou sont en passe d'être récupérés par les « médias traditionnels » et vont faire leurs premiers pas dans le grand bain, dans des émissions à forte audience. Mais les techniques abordées peuvent aussi vous servir dans la création de votre personnage et la mise en scène de vous-même dans l'optique de faire le buzz. Gardez l'esprit ouvert et n'hésitez pas à les remixer à votre guise.

Dans ce texte, comme pour les précédentes étapes concernant la sortie de l'anonymat ou la gestion de la médiatisation, on va faire le point sur les différentes techniques qui semblent permettre de se faire une place sous les projecteurs, et d'être régulièrement à l'origine de moments inoubliables. Après tous vos efforts pour y arriver, s'agit de ne pas foirer si près du but. Va falloir faire bonne impression, marquer les esprits et laisser une trace indélébile.

CONSEIL N° 1 : FAITES DES RÉVÉLATIONS FRACASSANTES

Faire des révélations fracassantes est une excellente façon d'optimiser une interview et de vous assurer une couverture médiatique à peu de frais.

Déclaration choc, maladie, sexualité débridée, enfance maltraitée… plus c'est croustillant, mieux ce sera. Prenez garde malgré tout de ne pas sombrer dans le glauque ou l'horreur. Si ce sera effectivement repris par tous, ça ne vous sera pas pour autant bénéfique sur le long terme.

Le but de la manœuvre, c'est de se voir octroyer des premières pages, pas de remplir la rubrique « faits divers ».

Et sauf catastrophe écologique mondiale, écroulement du système bancaire ou sortie du dernier téléphone à la mode – qui sont quelques-uns des différents types d'événements de la plus haute importance capables d'éclipser tous les autres –, vous pouvez être sûr que ça va être repris partout.

Après, on ne va pas se mentir. Y a révélation et révélation.

Si vous avez dans l'idée de divulguer que vous déjeunez en trempant des tartines de confiture de coings dans du pinard, ça ne va pas faire des masses de vagues.

Même si pour vous, ça semble complètement fou, une confession de la plus haute importance, que vous avez l'impression de brûler la chandelle par les deux bouts et d'être un gangster de la tartinade en faisant ce genre de chose, la réalité est tout autre. Dans votre tête, ça l'est peut-être, mais en vrai, et pour le reste du monde, ce n'est pas le cas. Ce n'est pas une révélation fracassante.

La seule chance pour une déclaration aussi anecdotique et inintéressante d'être reprise, c'est en cas de période super mollassonne, sans le moindre événement à se mettre sous la dent permettant aux « gros médias » de tourner en boucle pendant des jours, et d'inviter d'éminents commentateurs à commenter les commentaires d'autres commentateurs, au sujet du commentaire d'untel ou d'unetelle, se résumant à quelques dizaines d'images animées déjà diffusées 39 812 fois au cours des douze dernières heures d'antenne.

- ÉDITION SPÉCIALE - ÉDITION SPÉCIALE - ÉDITION

Alerte info ! La nouvelle vient de tomber ! Quelqu'un aurait affirmé qu'une personne l'aurait entendu dire ! Dérapage ou énième provocation ? Pour ou contre ? Oui ou non ? Aujourd'hui, pour en parler avec nous, un plateau exceptionnel en non-stop direct, pour ne rien louper, même s'il ne se passe strictement rien. Alors, doit-il s'excuser ? Répondez ! Doit-il démissionner ? Oui ou non ? Doit-il être exilé ? Pour ou contre ? Répondez ! Doit-on le flageller sur la place publique ? Oui ou non ? Doit-on l'écarteler ? Oui ou non ? Alors ? Doit-il abjurer ? Oui ou non ? Répondez ! Vite ! Maintenant ! Tout de suite ! Répondez ! Oui ou non ?

Bien entendu ! La présomption d'innocence, le respect de la procédure, nous n'avons pas tous les éléments du dossier, tout ça tout ça. Bien entendu ! À prendre au conditionnel, avec des pincettes, une extrême précaution, tout ça tout ça. Bien entendu ! Une fois cela dit, les téléspectateurs veulent toujours savoir ! Coupable, oui ou non ? Alors ? Répondez ! Est-il coupable ? Nos concitoyens ont le droit de savoir ! Répondez ! VITE ! Oui ou non ? Répondez !

Trop tard. Non, c'est bon, plus la peine, on s'en fout, on n'a plus le temps, on doit rendre l'antenne pour la publicité.

Trop tard, j'vous dis ! Bon, deux secondes alors, mais uniquement si c'est pour répondre par oui ou par non. De quoi ? Non, pas de phrases ! Oui ou non, c'est tout ! Bon, ben puisque c'est comme ça, je vais devoir couper votre micro ! Coupez son micro, svp ! Voilà, merci.

Et surtout, restez bien avec nous pour ne rien rater des derniers rebondissements dans cette sombre affaire. On se retrouve tout de suite après une courte pause. MAIS TAISEZ-VOUS ! PUTAIN, MAIS FAITES-LE TAIRE ! VOUS ALLEZ COUPER SON MICRO BORDEL DE MER...

- PUBLICITÉ - PUBLICITÉ - PUBLICITÉ - PUBLICITÉ -

Marre de stresser ? De ne jamais avoir l'esprit tranquille ? Choisissez les tampons BelleVulve ! Les tampons BelleVulve, des tampons agréables à utiliser et faciles à transporter !

Pour une sensation de confort et de sérénité tout au long de la journée, je choisis les tampons BelleVulve !

- PUBLICITÉ - PUBLICITÉ - PUBLICITÉ - PUBLICITÉ -

T'as pas d'argent, mais tu veux quand même t'acheter des babioles inutiles et hors de prix pour frimer devant tes potes ? No problemo ! Avec Crédit à vie, tu peux vivre à crédit toute ta vie et te payer des trucs dont t'as pas vraiment besoin, pour à peine trois fois le montant initial !

Pourquoi se contenter des choses simples quand tu peux te foutre dans la merde pour obtenir le superflu ?

- ÉDITION SPÉCIALE - ÉDITION SPÉCIALE - ÉDITION

Enfin bref, du coing dans du pinard, y a pas de quoi en faire une édition spéciale. Pas même une brève. Personne n'en parlera. Et vu le degré d'insignifiance de la révélation, si par miracle ils en causent, ce sera très certainement pour se moquer de vous. Sauf peut-être *Coing Magazine*, et encore, seulement s'ils sont en galère d'actus. Mais est-ce vraiment ce que vous souhaitez, faire la une de *Coing Magazine* ?

Après, peu importe ce qui se dit, du moment que l'on parle de vous... Certes. Mais vu qu'on est là pour y réfléchir et tenter d'optimiser la situation, autant le faire bien.

On ne va pas se mentir, étant donné le niveau de concurrence et le taux de renouvellement ahurissant de l'actu, si vous ne mettez pas la barre très haut, vous n'aurez pas la moindre chance d'obtenir la plus petite attention. Prenez le temps d'y penser et inspirez-vous des idées de déclarations fracassantes que je vous ai concoctées.

Idées à utiliser pour faire une déclaration fracassante :

Idée de déclaration fracassante n° 1 :

– Déclarez avoir trois couilles.

Avantage(s) : Trois couilles, c'est toujours mieux que deux.
Inconvénient(s) : Il arrivera forcément un moment où les gens voudront les voir et où faudra faire tomber le slip face caméra. Donc bon, ça peut être problématique... Surtout si vous n'en avez pas réellement trois, et que vous avez juste dit ça pour vous faire mousser et faire parler de vous.

À ce stade, vous aurez deux options :

Option n° 1 : Trouver un moyen de vous en greffer une troisième. Faudrait se renseigner sur le sujet... Perso, je ne suis pas vraiment un expert de la thématique, mais ça ne doit pas être impossible. Ça doit pouvoir se mettre en place.

En cherchant bien – et en n'étant pas trop regardant –, vous devriez finir par trouver quelqu'un pour le faire.

Le problème, c'est que dans la majorité des cas, aucun médecin digne de ce nom n'acceptera de prendre part à votre supercherie. Vous risquez donc de vous retrouver à devoir faire appel aux services d'un ancien chirurgien à la réputation sulfureuse, rayé de l'ordre des médecins et condamné par la justice pour pratiques douteuses et utilisation illégale et farfelue de son bistouri.

Vu la demande, ce sera forcément un toubib ne pouvant s'empêcher de continuer à ouvrir tout et n'importe quoi sur son temps libre, juste parce que c'est plus fort que lui. Un docteur maboul capable d'accepter n'importe quel étrange projet se déroulant dans une cave insalubre de banlieue en échange de deux bouteilles de whisky bon marché. Je ne peux donc que vous déconseiller vivement cette option.

Option nº 2 : Simplifier l'idée et renforcer son efficacité en optant pour une couille plutôt que trois. Vous pourriez parfaitement bien en avoir perdu une, suite à une maladie ou à une torsion mortelle lors d'une branlette trop sauvage.

Avantage nº 1 : Avec l'aspect infirmité dans l'énoncé, les gens auront plus de mal à vous demander de faire tomber votre slibard. S'ils insistent, mettez-vous à pleurer et revenez sur les moments – que je vous conseille d'inventer en amont pour vous éviter d'avoir à improviser au fur et à mesure de l'entretien – douloureux et traumatisants que vous avez vécus au cours de cette période.

Avantage nº 2 : Si, malgré ça, des gens continuent à insister et vous poussent à vous justifier, ce sera quand même plus facile d'en retirer que d'en rajouter, et vous aurez aussi plus de chances de parvenir à convaincre un chirurgien appartenant encore à l'ordre des médecins de le faire.

Important : Dans tous les cas, plus une ou moins une couille, ne faites pas ça vous-même, à la va-vite, ou aidé par une vague connaissance, dans votre cuisine, avec un couteau à viande mal aiguisé. Faites appel à un professionnel et n'hésitez pas à payer le prix fort, ça vous évitera bien des complications.

Si la célébrité est quelque chose de très important à vos yeux, permettez-moi de vous rappeler que sans la santé, elle n'aura aucune valeur et ne vous sera pas d'une grande utilité.

Sans même parler du fait qu'un testicule, c'est quand même autrement plus important que l'appendice ! S'agit donc de ne pas faire n'importe quoi et de bien réfléchir avant de commettre une connerie, que vous pourriez amèrement regretter, juste pour faire le malin lors d'une interview.

N.B. : Si, de prime abord, cette idée de déclaration ne semble pas concerner la gent féminine, détrompez-vous.

Bien évidemment, il n'est pas question de déclarer avoir trois couilles ou une couille... Par contre, déclarer avoir trois nichons me semble une déclaration suffisamment fracassante pour être reprise de partout. Ça s'est déjà vu dans des films de science-fiction et ça a toujours fait son petit effet sur le public.

Après une telle révélation, nul doute que votre passage va être repris partout. Si je ne l'ai pas mentionnée tout de suite et n'en ai pas fait état dans le décryptage, c'est juste parce que c'est beaucoup plus compliqué niveau mise en place.

Trois nichons, c'est immédiatement plus repérable que trois couilles. Vous ne pourrez pas vous contenter d'une simple déclaration en attendant de voir si ça mord à l'hameçon et si ça vous permet de faire le buzz. Vous devrez entreprendre une intégration immédiate. Ce qui pourrait être une décision légèrement disproportionnée si vous faites ça uniquement pour le buzz et pas poussée par un réel besoin.

Si c'est trois nichons parce que vous avez toujours ressenti au fond de votre être qu'il vous en manquait un troisième pour vous sentir bien dans votre peau, alors soit. Si c'est trois nichons juste pour attirer l'attention, je ne peux que vous le déconseiller fortement. Maintenant, à vous de voir...

Quoi qu'il en soit, ne prenez pas de décisions hâtives, j'ai d'autres idées de déclarations fracassantes à vous proposer.

Idée de déclaration fracassante n° 2 :

– Déclarez avoir eu des aventures bisexuelles. Avec des célébrités, c'est un plus.

Avantage(s) : Facile à inventer, difficile à contredire, ça marche toujours.

Inconvénient(s) : En fonction de votre milieu et de votre éducation, vous courez le risque d'être renié par tout ou partie de votre famille. Si vous souhaitez devenir célèbre plus que tout sans en avoir rien à foutre de garder des contacts avec vos proches, alors foncez. Si ce n'est pas le cas, je ne peux que vous conseiller de faire un petit tour d'essai lors d'une réunion familiale, sur le ton de l'humour, entre la poire et le fromage, histoire de prendre la température et de voir comment ça pourrait être accueilli en cas de déclaration officielle.

En cas de bonne réception, foncez.

En cas de mauvaise réception, basculez sur une autre idée de déclaration fracassante. La suivante, par exemple, pourrait mieux convenir à vos proches.

Idée de déclaration fracassante n° 3 :

– Déclarez être en connexion avec des esprits et avoir régulièrement des discussions avec Lady Di, James Dean ou Gandhi, fonction de vos centres d'intérêt et de votre sensibilité.

Avantage(s) : En partant du postulat que vous optez pour Lady Di, vu qu'elle est toujours très aimée du grand public, ça vous vaudra de nouvelles invitations télé, et peut-être même un prime time spécial où l'on fera venir des gens qui souhaiteront lui poser des questions. Si ça fait une bonne audience, vous pouvez partir pour des années d'émissions en première partie de soirée et un salaire en conséquence !

Avec un peu de chance, vous croiserez un promoteur de spectacle sachant renifler les filons lucratifs, et ce sera le départ d'une tournée internationale à base de discussion avec l'ex-princesse de Galles, de tickets d'entrée à 1 250 euros et de comptes en banque gonflant à vue d'œil.

Inconvénient(s) : Si les gens découvrent que c'est une vaste supercherie, ça ne va pas les faire marrer, c'est le goudron et les plumes qui vous guettent. Renseignez-vous sur la vie des vendeurs d'élixirs à l'époque du Far West, histoire de vous faire une idée de ce qui vous attend et d'être sûr de vouloir prendre le risque. Si c'est un métier très rémunérateur lorsque vous savez manier habilement votre barque, c'en est un très dangereux quand vous la maniez piètrement.

Important : Le fait d'être capable de courir vite et d'avoir une excellente résistance à l'acide lactique est primordial, et peut fortement influencer la durée de votre espérance de vie.

Donc, si vous ambitionnez d'être un bonimenteur des temps modernes, escroc des plateaux télé, revendeur d'élixirs à la con, gardez ça bien présent à l'esprit et ne sortez jamais dans la rue sans avoir soigneusement lacé vos baskets.

Déclarations fracassantes – Idées de thématiques :

– **La maladie :** Grave si possible, mais pas mortelle, de préférence. Sans quoi, même si ça fera beaucoup parler, vous ne serez pas en mesure d'en profiter.

Tant qu'à faire, optez pour quelque chose de grand public et de rapidement identifiable. Une maladie que tout le monde connaît, qui tombe sur la gueule de n'importe qui façon roulette russe, suffisamment grave pour faire frissonner, mais plutôt facile à soigner pour expliquer votre présence sur Terre et sur tous les plateaux télé pour raconter votre épreuve.

- **La sexualité :** N'oubliez pas que dans l'ensemble, les gens sont conservateurs, quand bien même ils disent, soutiennent et proclament le contraire.

Le côté complètement débridé ne passera pas au niveau du grand public. L'adultère vous sera durement reproché.

Optez pour un truc mignon, un peu foufou, mais pas trop non plus, ayant eu lieu de préférence au cours de votre jeunesse, avant que vous ne vous rangiez et deveniez quelqu'un de bien sous tous rapports.

- **L'enfance maltraitée :** Ça fonctionne toujours bien. Par contre, prenez garde à ne pas sortir des histoires trop glauques. Si votre passé est très chargé, quand bien même vous souhaiteriez en parler, je ne peux que vous conseiller de prendre soin de l'édulcorer.

Les gens aiment les récits et les témoignages de personnes qui ont souffert, mais jusqu'à un certain point.

Les plonger trop loin dans l'horreur, c'est les mettre face à une effrayante noirceur du monde que la plupart des gens refusent de voir et d'admettre. Contraignez-les à la regarder en face, ils vous en tiendront rigueur. Faites-les pleurer en les préservant, ils vous en apprécieront d'autant plus.

AVERTISSEMENT : Vous l'avez sans doute compris par vous-même, mais quand je parlais de révélations fracassantes, je causais essentiellement de thématiques croustillantes.

De coucheries, de petits traumatismes, de gourmandes curiosités… des trucs légers et pétillants qui aident à la digestion, enivrent un brin et donnent envie de rire, pas de trucs acides et irritants qui vous bousillent un transit, foutent des angoisses et donnent envie de se trancher les veines.

Évitez formellement tout ce qui touche à des domaines type politique, économie, religion, magouilles et compagnie.

Ne rentrez pas dans des débats stériles qui n'auraient pour conséquence que de vous aliéner une partie de votre public.

Restez sur des sujets légers, anecdotiques, intrigants ou rigolos. Agréables à consommer. Faciles à digérer.

CONSEIL N° 2 :
FAITES DES PHRASES COURTES

Ne partez jamais dans des explications longues et sans fin. Faites toujours court et efficace, sans quoi vous risquez d'être constamment interrompu par l'animateur.

Le gars en a un peu rien à foutre de votre histoire ou de votre témoignage. Il en voit passer quinze par semaine. Son job, c'est d'offrir un divertissement performant et rythmé, et de fourguer des espaces publicitaires le plus cher possible, pas de partir dans des élucubrations inintéressantes et sans fin.

Sans compter qu'un animateur, aussi souriant et faussement décontracté soit-il, a des chiffres qui tombent toutes les minutes. On lui gueule à l'oreillette : « DU

RYTHME, DU RYTHME, DU RYTHME ! » Il a une énième coupure pub à lancer, la bataille de l'audimat sur sa tranche horaire à gagner, le film pourri du soir à valoriser, un autre invité à accueillir, le programme du lendemain à teaser, les commentaires des réseaux sociaux à gérer, des chroniqueurs qui rêvent de lui prendre sa place à canaliser…

Enfin bref, le gars est sollicité de toutes parts, il n'a pas de temps à perdre pour vos sornettes et vos digressions. Ne le foutez pas en galère en faisant des tunnels sans fin. Enchaînez les phrases courtes et percutantes, il vous en sera reconnaissant. Si vous êtes constamment concis et efficace, il finira par vous mettre dans sa liste de bons clients qui ont pigé le mode d'emploi et vous invitera régulièrement.

CONSEIL N° 3 :
CRÉEZ DES CLASHS

Soit vous avez déjà quelqu'un dans le collimateur, et vous pouvez profiter de votre médiatisation pour l'allumer lors de chacune de vos interviews.

Soit vous n'avez personne dans le collimateur, et vous devrez choisir une ou plusieurs cibles en fonction de votre forme et de votre envie d'en découdre, puis les déglinguer à la moindre occasion.

Avantage(s) : Ça sera repris de partout dans les médias, sur le Web et les réseaux sociaux.

Le gars va vous répondre, d'autres vont s'en mêler, haters VS followers, surenchère, provocations, menaces, escalade verbale, insultes… avec un peu de chance, pendant quelques semaines vous allez être le centre de l'attention.

Inconvénient(s) : Le gars peut mal le prendre. Pour peu qu'il ait pratiqué les arts martiaux dans sa jeunesse ou soit d'un naturel belliqueux, et ce n'est pas impossible que vous finissiez avec la gueule d'un Picasso en lieu et place de votre jolie petite frimousse actuelle.

Avertissement n° 1 : Ce conseil ne vaut pas pour tout le monde. Si vous n'êtes pas un fervent amateur de violence gratuite rechignant rarement à distribuer de grandes mandales dans la trombine des gens qui en ont une qui ne lui revient pas, ou juste pour le plaisir de faire souffrir, passez votre chemin. Sincèrement, si vous n'avez pas pour habitude de boulotter le cœur saignant d'ennemis tués à mains nues, abstenez-vous d'utiliser cette technique. Elle ne vous vaudra que désagréments, stress et contusions.

On ne s'improvise pas furieux guerrier, insupportable chercheur d'embrouilles ou fouteur de merde invétéré du jour au lendemain. Ça nécessite des années d'entraînement et de pratique. Si vous ne les avez pas à votre compteur, ne montez pas sur le ring dès la lecture de ce livre terminée, ce ne serait pas une sage décision. Attendez d'être sûr d'avoir un minimum de goût pour la violence et de posséder les aptitudes nécessaires pour vous permettre ce type d'attitude, sans quoi je ne donne pas cher de votre peau.

Avertissement n° 2 : Lâchez des perfidies, dénigrez vos rivaux, souillez des blases, brisez des réputations… mais toujours dans le respect de la loi et en prenant soin de bien choisir la ou les personnes à qui vous vous attaquez.

Ne partez pas la fleur au fusil, dans l'excitation du moment, sans réfléchir à ce que vous dites, ou à qui vous vous en prenez, chauffé par les exhortations d'un animateur avide de buzz et de petites phrases, et les trop nombreuses coupes de champagne bues dans les loges en attendant le début de l'émission. Une telle impréparation pourrait vous être fatale.

Ne vous trompez pas sur votre positionnement dans la chaîne alimentaire, et choisissez un adversaire à votre portée. Ne pas le faire, c'est risquer de vous retrouver face à un antagoniste que vous ne pourrez ni contenir ni maîtriser.

La prédation est un domaine doté d'une hiérarchie difficilement modulable et comportant des règles très strictes, à respecter impérativement pour ne pas voir son espérance de vie dangereusement raccourcir. Un loup ne s'attaque pas à un lion. Tout comme une chèvre ne s'attaque pas à un loup. À moins que la bestiole soit atteinte de sévères troubles psychologiques, ce sont des comportements qui n'existent pas. S'entêter à vouloir le faire, c'est signer son arrêt de mort.

Voilà pourquoi il est important de savoir au niveau de quel maillon vous vous situez dans la chaîne alimentaire, avant de vous aventurer dans des échauffourées qui pourraient se conclure par votre annihilation violente et totale.

Par pitié, ne faites pas l'erreur de beaucoup, s'imaginant lions, loups ou dragons, alors qu'ils sont tout au plus chimpanzés, canards ou pigeons. Soyez honnête, faites une évaluation réaliste de votre position dans la chaîne alimentaire et agissez en conséquence.

Avertissement n° 3 : Ne faites pas non plus l'erreur de choisir un adversaire trop chétif.

Personne n'apprécie les brutes qui prennent un malin plaisir à tyranniser les plus faibles. Tirer sur une ambulance, ou quelqu'un de très connu mais fortement apprécié du public, ne vous aidera pas des masses dans votre ascension. Bien au contraire, ça donnera une image détestable de vous.

Ne vous chauffez pas avec une personnalité sans défense ou un ancien aimé de tous. Ce serait complètement contre-productif. Certes, si jamais il élevait le ton, vous pourriez facilement le calmer avec une balayette ou un *kakato geri*, mais ce ne serait pas à votre honneur. Ce serait même honteux de votre part. Et vu que tout le monde l'aime, tout le monde volera à son secours et ça se retournera contre vous. Briser la hanche d'un sexagénaire souffrant d'ostéoporose n'est pas un fait d'armes à partir duquel on peut bâtir une légende.

Mon conseil : Prenez le temps de bien choisir la personne avec laquelle vous allez entrer en conflit. Une fois les hostilités lancées, il sera difficile de les arrêter.

Ne faites pas l'économie d'une recherche et d'une réflexion sur le sujet. Munissez-vous d'un papier et d'un stylo, listez les noms des candidats potentiels à votre colère, et énumérez les avantages et inconvénients que vous auriez à vous en prendre à chacun. Une fois tous les éléments posés noir sur blanc, choisissez celui (ou ceux) qui vous semble(nt) convenir le mieux à vos besoins et capacités.

Astuce : Ne vous impliquez pas émotionnellement.

Si votre clash prend des proportions démesurées, ne vous laissez pas entraîner dans une guerre d'ego vaine, coûteuse et potentiellement dangereuse, qui risque tout autant de vous épuiser que de vous ruiner. Tentez de toujours garder à l'esprit vos objectifs et la raison de tout ça : l'augmentation de votre visibilité et l'accroissement de votre notoriété.

Quelle que soit la tournure des événements, ne vous égarez pas, restez sur ce terrain. Mise en scène de votre rivalité façon affrontement de catch, alimentation régulière du conflit via les réseaux sociaux, organisation d'un combat filmé, articles à la gloire du futur événement, interviews à son sujet, déclinaison en tee-shirts, sweats, mugs, chansons, vidéos… voilà ce à quoi vous devrez occuper votre énergie, à constamment rechercher les meilleurs angles médiatique et économique.

Laissez impérativement l'aspect émotionnel de côté. L'émotionnel vous aveuglera et vous fera courir à votre perte. Alors qu'une saine rivalité médiatique, réelle ou orchestrée, fait toujours du bon business et de gros chiffres d'audience.

CONSEIL Nº 4 : INVESTISSEZ DANS LA DESTRUCTION

Anéantissement de plateaux ou de décors, lancer de chaise, bataille avec l'animateur, prise à partie de chroniqueurs… ça marche toujours. La destruction est un classique pour ce qui est d'attirer l'attention et de faire parler.

Le mieux, c'est que les gens soient dans la connivence et acceptent de jouer le jeu de la dévastation. Ça vous évitera ainsi les coûteux frais de remboursement de plateaux, et éventuellement de soins, si jamais il venait à y avoir des dégâts considérables ou des personnes blessées.

Vous pouvez toujours le faire sans, à condition d'avoir conscience des potentielles retombées et des conséquences financières et judiciaires que cela pourrait avoir. Après, tout est question de retour sur investissement.

Si la destruction partielle d'un plateau de télévision vous revient à plusieurs dizaines de milliers d'euros et vous en rapporte le double, ça peut se tenir. Si c'est l'inverse, et que ça s'additionne à des plaintes, des procès et des peines de prison, tout bon moment médiatique que ça puisse être, le jeu n'en vaudra sans doute pas la chandelle.

AVERTISSEMENT : À trop le faire, vous risquez de vous enfermer dans le rôle de « destructeur de plateaux » et finir par être considéré comme le rigolo de service tout juste bon à être invité dans des émissions en galère d'audience, prêtes à sacrifier quelques milliers d'euros de matériel pour faire parler d'elles et vous voir effectuer votre éternel numéro d'ouragan dévastateur. Si le rôle est efficace et peut vous offrir de la visibilité, sachez toutefois garder une part de mystère.

Ne soyez pas trop systématique et robotique dans votre façon de faire le spectacle, sans quoi vous finiriez par lasser même vos plus ardents admirateurs.

CONSEIL N° 5 : PARTEZ EN COURS D'INTERVIEW

Cette technique est un classique qui fonctionne quasiment à chaque fois. Quel que soit le sujet, quelle que soit l'occasion, si vous gérez bien la mise en scène de votre départ, c'est le jackpot assuré.

L'objectif, c'est de marquer profondément les esprits et de voir votre coup d'éclat repris partout. Ajustez votre sortie de route en fonction de votre humeur, de vos capacités physiques, de votre envie d'attirer l'attention et de votre marge de manœuvre par rapport à la justice.

Vous passerez certes pour un barjot hystérique complètement instable qui a oublié de prendre ses médicaments, mais immanquablement, tout le monde en parlera le lendemain, sur le Net, sur les réseaux sociaux, à la télé, à la machine à café, dans les cours d'école… Vous aurez droit à des dizaines de demandes d'interview, des centaines de contenus au sujet de votre esclandre, des milliers de vidéos relayant l'événement… mission accomplie. Mes félicitations.

Après la classique introduction :
– Bonjour *****, nous sommes très heureux de vous accueillir aujourd'hui sur notre plateau.

À la question :
– Pouvez-vous nous parler de votre rencontre avec ***** ?

À la question :
– Pouvez-vous nous parler de votre projet avec ******* ?

À la question :
– Pouvez-vous nous parler de votre collaboration avec *** ?

Peu importe la question en réalité, n'importe quelle question fera l'affaire.

Répondre : J'en ai marre. À chaque fois, c'est la même chose ! Toujours le même cirque ! Vous croyez que j'vois pas où vous voulez en venir ?! Que j'ai pas saisi votre petit manège ?! J'en ai plein le cul de vos méthodes de fourbes, de voyous et d'hypocrites. Vous êtes vraiment des salopards finis ! Aucun code d'honneur ! Aucune dignité ! C'est une honte de faire ce que vous faites ! À votre place, je n'arriverais plus à me regarder dans une glace ! Vous n'êtes qu'une bande de dégueulasses ! Des charognards. Des feignasses incapables de faire correctement leur job. De sombres individus et des sacs à merde, avides de buzz, de clashs et de provocations à deux balles, voilà ce que vous êtes, de bien tristes personnages ! La honte de notre belle nation !

À cet instant précis, allez-y à fond ! Ne vous retenez pas ! Ne ménagez pas votre vis-à-vis ! Considérez-le comme un dommage collatéral dans votre quête de notoriété.

Imaginez l'individu que vous pouvez le moins blairer au monde, laissez-vous porter par la vague de ressentiments et déversez le maximum de bile. Si possible, quittez le plateau en cassant un ou deux trucs au passage. Micro arraché sauvagement et jeté à terre dans votre mouvement de départ, verre d'eau à la gueule de l'animateur, chaise renversée, table retournée, claque à un invité, coup de boule à un opposant, torgnole à un chroniqueur… vous avez compris l'idée.

AVERTISSEMENT : Prenez bien soin pour les trois dernières – claque, coup de boule, torgnole –, de les effectuer sur une personne consentante ou à la hauteur de vos moyens.

Le but, c'est de faire parler de votre passage, pas que le gars vous rende les coups, ni de vous retrouver en séjour à l'hosto avec cinq mois de rééducation à vous farcir, un râtelier en lieu et place de votre ancienne dentition et une alimentation essentiellement composée de petits pots pour bébé.

Prenez-en un d'apparence correcte, mais que vous savez soumis, qu'un simple coup de pression foutra en panique.

Évitez les gus affiliés à une fédération de sport de combat, ils voudront mettre en pratique ce qu'ils ont appris à l'entraînement, et ce n'est sans doute pas une bonne chose pour vous. Finir avec le crâne fendu n'est pas votre objectif.

Mon conseil : Le mieux, si vous veniez à opter pour une des possibilités les plus violentes, serait de vous mettre d'accord avec une des personnes présentes sur le plateau pour qu'elle vous donne la réplique.

À l'instar d'un combat de catch, vous pourrez ainsi convenir du scénario à l'avance et répéter en amont la chorégraphie dans les moindres détails. Vous éviterez de la sorte aussi bien les emmerdes juridico-légales liées au fait de démonter votre vis-à-vis, que les soucis physico-articulaires liés à celui de vous faire fracasser par lui. Du gagnant-gagnant sans risque de mauvaise surprise.

Prenez garde en partant de ne pas chuter lamentablement ou de ne pas rentrer bêtement dans une porte, sous le coup de l'adrénaline et de l'énervement, sans quoi vous allez être immédiatement relégué à la catégorie bêtisier.

Et même si l'on parlera beaucoup de votre passage – mais surtout de votre sortie ratée, diffusée sous tous les angles, dont des dizaines de fois au ralenti –, ça n'aura pas un impact aussi puissant que si vous aviez su rester debout sur vos deux cannes, plutôt que fers en l'air et cul face caméra.

Avantage(s) : Si vous avez de la thune de côté et un bon avocat, vous pouvez peut-être vous permettre de pousser le curseur assez loin.

Inconvénient(s) : Si vous avez déjà six mois de sursis qui planent dangereusement au-dessus de votre tête et un compte en banque dans une forme médiocre, contentez-vous du verre d'eau à la gueule et évitez d'aller trop loin dans des actions dont vous ne maîtriserez pas le retour de bâton.

C'est une chose de tout fracasser sur son chemin, mais nous sommes dans un État de droit, et chaque décision a des conséquences. Une fois le show fini, l'histoire pourra se poursuivre devant les tribunaux et il vous faudra régler tout ou partie des dégâts et préjudices dont vous aurez été à l'origine.

Votre ambition, c'est de devenir célèbre, pas détenu d'une prison haute sécurité ou résident à durée indéterminée d'un établissement psychiatrique. Ne l'oubliez jamais.

Même dans le feu de l'action, gardez votre objectif en tête, sans quoi vous vous réservez des lendemains douloureux, de lourdes dettes et de longues journées en tenue de bagnard, à effectuer des travaux d'intérêt général dans l'espoir d'éviter à vos miches de finir définitivement derrière les barreaux.

CONSEIL N° 6 :
AYEZ UN AVIS SUR TOUT

Aujourd'hui, que vous vous pointiez sur un plateau de télévision pour fourguer un film, un livre, des slips, de la lessive, une émission ou un album de chansons, les gens veulent davantage qu'une énième récitation de votre speech éculé de commercial prêt à tout pour écouler ses stocks.

Immanquablement, compétent ou non, consentant ou non, vous serez sommé de vous prononcer et d'émettre un avis sur des sujets aux antipodes du vôtre, et parfois terriblement explosifs.

Votre truc, c'est de manier le stylo, le micro, une caméra, la clé de sol ou que sais-je encore, et vous allez devoir exprimer un avis sur des situations géopolitiques ou des problématiques sociétales que même un expert ne parviendrait pas à synthétiser en cinq minutes.

Sans compter que vous, vous n'aurez pas le luxe de le faire tranquillement, devant d'autres savants aimant rire à l'écoute d'une locution latine ou en se remémorant un bon mot de Napoléon ou du général de Gaulle.

Non, tout ça va se dérouler au beau milieu d'une arène survoltée, sans y avoir été préparé, encerclé par une dizaine de chroniqueurs prêts à vous dégommer au moindre faux pas.

Vous devez être conscient que votre passage va durer moins de cinq minutes, et être calé entre une rubrique humoristique et un zapping des meilleures vidéos du Net du moment, à base de fashionistas qui tombent dans une bouche d'égout en sortant d'une boutique de luxe, de trompettistes effectuant un classique de jazz avec les fesses, de chiens qui aboient en rythme sur une chanson à la mode, d'une barmaid qui décapsule des bouteilles de bière avec son vagin, d'un joyeux luron qui pète sur le visage de sa femme endormie pour la réveiller le jour de la Saint-Valentin et d'un bébé auteur d'un incroyable jet de pipi sur la tête de son père alors que celui-ci s'affairait à le changer.

Partant de là, vous comprendrez aisément combien il va être compliqué pour vous de parvenir à vos fins et de faire une promotion efficace de ce pour quoi vous êtes venu.

Petite parenthèse concernant les rubriques humoristiques :

Durant la chronique « humoristique » – dont le contenu, sous couvert de bons mots, de rigolade et de rapide retour sur votre parcours, se résumera bien souvent à une démolition brutale de votre carrière et ne sera en réalité qu'une destruction minutieuse et totale de votre œuvre et/ou de votre personne, dans l'unique but de provoquer quelques esclaffements faciles et cruels à vos dépens –, il sera bien vu que vous riiez à gorge déployée, quand bien même vous auriez envie de pleurer et de vous trancher les veines au coupe-ongles. Ne pas le faire serait une terrible erreur.

En laissant transparaître votre émoi ou votre agacement, en plus de signer pour cinquante nouvelles chroniques sur la thématique lors de vos prochains passages, vous vous verrez octroyer la réputation de pisse-froid et d'affreux rabat-joie sans le moindre humour.

AVERTISSEMENT : Nul ne viendra sécher vos larmes ni ne se risquera à vous aider, alors ne vous entêtez pas à réclamer justice. N'essayez surtout pas d'argumenter ou de tenter de vous défendre, ça ne servirait à rien.

Mon conseil : Prenez votre mal en patience, souriez, rigolez si vous y parvenez… mais surtout, fermez-la et souriez ! Si vous en avez la force, surenchérissez !

L'autodénigrement est parfois le seul moyen de désarçonner une brute se plaisant à faire régner la terreur. En vous flagellant vous-même la tronche et en vous moquant de vous-même et de votre piètre carrière, vous lui couperez l'herbe sous le pied et lui enlèverez le plaisir de le faire.

Avoir un avis sur tout, survivre dans le feu de l'action :

Pour revenir aux cinq fameuses minutes qui vous seront consacrées lors de votre passage, essentielles pour vous mais anecdotiques et inintéressantes du point de vue de l'émission et de son audimat, il n'y aura probablement pas plus de trente secondes allouées à la promotion de votre travail. Tout le reste ne sera là que pour créer un spectacle.

Si vous n'y prenez pas garde, vous courez deux risques majeurs :

Risque n° 1 : Être catalogué rabat-joie de service et vous faire bannir de la liste des bons clients.

Risque n° 2 : Flinguer purement et simplement votre carrière.

À partir de là, il va y avoir deux étapes à maîtriser :

Étape n° 1 : Identifier les dangers.

Étape n° 2 : Jouer le jeu sans vous foutre dans la merde.

Dangers à identifier – Menu pour les plus chanceux :

– Vous prononcer sur la polémique du moment. #indignation #plusJamaisÇa #choisisTonCamp

– Prendre parti dans une embrouille entre personnalités du show-biz. #pesteVSCholéra #tuPréfèresTonPèreOuTaMère

– Exprimer votre avis sur la politique économique du nouveau gouvernement.

#bourbier #çaSentLaMerdeÀPleinNez #redressementFiscal

Les risques potentiels :

– Passer pour un sombre con.

– Vous fâcher avec une partie de votre public.

– Vous retrouver en guerre ouverte avec une personnalité médiatique de premier plan ou toute la famille politique au pouvoir, pour une histoire qui ne vous regardait absolument pas et dont vous n'aviez strictement rien à foutre.

Dangers à identifier – Menu pour les plus malchanceux :

– Conflit armé international. #dynamite
– Terrorisme. #nitroglycérine
– Scandale politico-médiatique. #mineAntiPersonnel

Les risques potentiels :

– Passer pour un sombre con.
– Vous fâcher avec une partie de votre public.
– Vous retrouver avec des menaces de mort de la part d'organisations terroristes ou de groupuscules extrémistes, au sujet d'un conflit qui ne vous regardait absolument pas et dont vous n'aviez strictement rien à foutre.

Si la parole est d'argent et le silence est d'or, la télévision invite rarement des muets sur ses plateaux.

Partant de là, il vous est impossible de refuser de répondre.

Si vous refusez de répondre ou déclinez poliment, vous ferez la plupart du temps face à une insistance de la part de votre interlocuteur qui se changera vite en agacement si vous persistez à ne pas vouloir lui donner un petit quelque chose à se foutre sous la dent. Un seul moyen de vous sortir de ce traquenard qui pourrait rapidement se transformer en véritable merdier : répondre.

Mais si vous répondez mal, vous pouvez vous retrouver à signer votre arrêt de mort médiatique.

Répondez prudemment, toujours avec le sourire, de la façon la plus évasive possible, en n'oubliant jamais que la guerre, c'est mal, et le mal, ce n'est pas bien.

Ne vous laissez pas embarquer par votre enthousiasme ou les applaudissements du public, un mur en pleine tronche est vite arrivé et vous aurez d'énormes difficultés à vous en remettre. Ces sujets sont de la dynamite.

Mon conseil : Ne vous aventurez jamais à dire le fond de votre pensée, quand bien même il ne serait pas spécialement subversif. Vous prononcer sur des thématiques explosives, c'est risquer de vous manger une déflagration dévastatrice.

Vous êtes là pour faire votre promotion, pas pour changer le monde. Jouez la sécurité, enchaînez les lieux communs, enfoncez des portes ouvertes, enculez des mouches, mais ne faites surtout pas de vagues. En cas d'insistance prononcée, effectuez une pirouette rigolote et détournez l'attention de la fâcheuse question pour tenter d'amener la discussion sur une thématique plus légère.

Si besoin, n'hésitez pas à faire appel aux services d'un professionnel de la communication et préparez-vous en effectuant régulièrement des sessions de média training.

Si vous ne pourrez jamais réduire le risque à zéro, vous parviendrez toutefois à maîtriser suffisamment votre prise de parole pour ne pas dire des conneries plus grosses que vous et en mesure de mettre brusquement fin à votre carrière.

Astuce : Avant de vous rendre à un enregistrement télé ou d'effectuer une interview, prenez soin de faire le tour de l'actualité des derniers jours et de voir les différents sujets qui agitent le Net et les réseaux sociaux.

Identifiez les plus dangereux, et préparez une réponse drôle et/ou inoffensive pour chacun d'eux. Ainsi, vous pourrez faire plaisir à la personne qui vous invite et qui vous fout dans la merde en vous demandant votre avis sur des sujets délicats, tout en n'ayant pas à vous retrouver au centre d'une polémique et à vous faire défoncer dans les médias et sur les réseaux sociaux pour des propos insultants ou choquants, tenus dans le feu de l'action et prononcés sans penser à mal.

CONSEIL N° 7 :
SOYEZ LE CON DU DÎNER DE CONS

Pour ceux qui ne connaîtraient pas le principe du dîner de cons, disons que ça consiste, pour une bande de petits malins supérieurement intelligents, à inviter, à un dîner, chacun un individu qu'ils estiment particulièrement con et intarissable sur un sujet, de préférence le plus chiant ou inepte possible.

Les organisateurs du dîner passent ainsi un excellent moment à se moquer toute la soirée des cons en question. À l'issue du repas, ils votent pour élire le champion.

De plus en plus souvent, certains plateaux d'émissions peuvent s'apparenter à un dîner de cons.

Ça a l'avantage d'être facile et peu coûteux à préparer, et bien que particulièrement cruel pour la victime, c'est très divertissant pour les convives étant dans la confidence et ça offre presque toujours un bon spectacle.

Lorsque vous prenez part à ce type d'émission, si vous ne parvenez pas à deviner qui, de tous les invités présents, est le con du plateau, c'est qu'il y a de fortes chances pour que ce soit vous.

Partant de là, deux options s'offrent à vous :

Option n° 1 : Vous subissez la situation et vous restez le con inconscient de l'être.

Option n° 2 : Vous en tirez parti et vous devenez le con flamboyant et joyeux duquel tout le monde appréciera de se moquer.

Mon conseil : Il n'y a aucun intérêt à subir cette situation. Bien au contraire, vous avez tout intérêt à l'accepter. Tirez-en parti. Endossez avec gaieté le rôle d'idiot du village dont les gens adoreront se gausser. Vous avez tout à y gagner !

Certes, cela peut être douloureux, mais probablement plus pour vos proches que pour vous-même.

Après, si vous êtes confronté à cette situation, il n'y a pas trente-six options. C'est soit parce que :

a / Vous êtes vraiment con.

b / Vous êtes un peu con, mais vous avez décidé de forcer le trait pour faire plaisir aux gens qui ont l'amabilité de vous inviter pour faire votre promo.

c / Vous êtes supérieurement intelligent, mais vous avez compris que le rôle de con est un rôle comme un autre, et qu'il est particulièrement apprécié sur le Web et dans les médias.

Mon avis : Vaut mieux être un faux débile invité partout qu'un véritable génie ignoré de tous et invité nulle part.

Si jouer à l'idiot du village vous vaut masse d'invitations, vous seriez bien bête de vous en priver. N'oubliez jamais où vous vous situez dans la chaîne alimentaire ni quelles sont vos forces et vos faiblesses, et agissez en conséquence. Si le rôle peut sembler ingrat de prime abord, il est terriblement efficace et peut vous offrir d'incroyables retours sur investissement.

Exemples et cas pratiques :

À la question : Quelle est la capitale de la France ?

Car oui, on vous méprisera au point de penser que vous ne connaissez pas la capitale de votre pays.

Ne surtout pas répondre : Paris.

CHIANT ! NUL ! ZÉRO ! RIEN À TIRER DE CE TYPE DE RÉPONSE !

Ne SURTOUT pas répondre : Actuellement Paris, mais la France a eu de nombreuses capitales tout au long de son histoire. On peut citer Versailles ou Bordeaux, mais aussi Aix-la-Chapelle durant le règne de Charlemagne, ou bien Tours à plusieurs reprises, que ce soit pendant la guerre de Cent Ans ou quelques jours lors de la Seconde Guerre mondiale.

CHIANT ! NUL ! ZÉRO ! ALERTE PREMIER DEGRÉ ! AUDIMAT EN CHUTE LIBRE ! LE GARS S'EST PRIS POUR UN PROF D'HISTOIRE-GÉOGRAPHIE !

Répondre : Il me semble que le F est la capitale de France.

Si l'animateur est bon et qu'il a le sens du spectacle, il devrait tenir dix minutes à rire de cette réponse et à se foutre de votre gueule. Avec un peu de chance, un des chroniqueurs se transformera en loutre épileptique et finira par se pisser dessus, ou tombera de sa chaise de tout son poids à force de se gondoler comme un idiot, et vous voilà repartis pour dix nouvelles minutes de fous rires et de pleurs.

Si, plus que la chance, les dieux médiatiques sont de votre côté, le gars pourrait même venir à mourir de rire, littéralement, canné de s'être trop marré de votre inénarrable connerie. Là, vous rentreriez carrément dans l'histoire de la télévision. Réussir à tuer quelqu'un de rire, ce n'est quand même pas commun. On dépasse le cadre du simple buzz.

Quoi qu'il en soit, mort ou pas, de toute évidence, cette séquence devrait être reprise de partout dès sa diffusion et vous assurer une forte visibilité sur le Web et dans les médias pendant quelques jours, ainsi qu'un nombre important d'invitations à faire d'autres émissions.

Alors, certes, cette réponse vous fera passer pour un abruti incapable de répondre à une question niveau cours préparatoire, si simple qu'elle en est presque complètement inepte, doublé d'un demeuré fini infichu de piger un énoncé basique, mais immanquablement, elle fera de vous LA personne à avoir sur son plateau pour générer de « grands moments de télévision ».

Quand je vous disais qu'il n'y avait aucun intérêt à subir cette situation du dîner de cons, mais d'innombrables à l'accepter et à en tirer parti. Soyez le con hors norme qui marquera les esprits. Soyez un con flamboyant et connu de tous. Soyez le con le plus malin de cette planète.

AVERTISSEMENT : Si vous êtes réellement très intelligent et que vous n'avez pas un profil suffisamment ingénu pour que les gens mordent à l'hameçon, n'utilisez surtout pas cette technique.

Elle n'est efficace que si l'on croit en la sincérité de son interprète. Tout doute quant à la véracité de votre débilité et à la candeur de votre connerie sera sévèrement sanctionné.

CONSEIL N° 8 : FOUTEZ-VOUS LE CUL À L'AIR

Avant tout, ayez à l'esprit que la vue d'un cul est toujours une bonne chose. Que ce soit à la télé, sur le Web, un panneau promotionnel, en photos, en 3D, en vidéo ou en réalité augmentée, la vue d'un cul est un classique de la publicité et du marketing. Un des piliers sur lequel repose le commerce.

Yaourts, voitures, gels douche, plats préparés, albums, films, programmes politiques... on ne compte plus le nombre de produits qu'un cul a déjà été en mesure de fourguer. Un joli fion est capable de vendre absolument n'importe quelle marchandise. Dodu, fin, musclé... vous pouvez le foutre à n'importe quelle sauce, ça marchera toujours.

Partant de là, ça ne vous étonnera pas que je vous dise que tout le monde aime voir un cul se dandiner et se trémousser dans les médias, et que, si vous vous en sentez d'humeur, je vous recommande vivement d'exhiber votre derche de façon régulière afin de devenir un bon client.

Parce qu'un popotin fait vendre et qu'il est en mesure de valoriser efficacement n'importe quoi, le fait de ne pas rechigner à utiliser le vôtre, dans le but de dynamiser l'audimat des émissions auxquelles vous êtes invité, sera pour vous un indéniable plus qui vous ouvrira un nombre de portes incroyables. Alors certes, pas celles des programmes intellos… Mais est-ce grâce à eux et à leur faible audimat que vous deviendrez célèbre et connu du grand public ? Je ne pense pas.

Que vous soyez une femme ou un homme, vous foutre cul nu devant des caméras – du moment que vous prenez soin de masquer votre appareil génital en vue de ne pas créer une scabreuse polémique, mais on y reviendra plus loin – sera toujours une bonne façon de faire parler de vous et d'optimiser votre passage dans une émission afin d'en obtenir un maximum de retombées.

AVERTISSEMENT : Attention aux phénomènes de lassitude et de prévisibilité. L'idée, ce n'est pas de vous foutre cul nu lors de chacun de vos passages télé.

Faut que les gens sachent que vous êtes prêt à le faire, qu'ils s'attendent à ce que vous le fassiez et regardent vos apparitions dans l'espoir de vous voir passer à l'acte, mais vous devez garder un sentiment d'imprévisibilité.

Si votre attitude est mécanique et prédictible, elle amusera les premières fois, agacera les suivantes, vous sera de plus en plus sévèrement reprochée, puis finira par ne plus intéresser personne. Soyez vigilant et restez à l'écoute du public.

Si après une énième prestation cul nu, de nombreux messages dénonçant votre comportement choquant et déplacé commencent à fleurir sur les réseaux sociaux, c'est que l'heure a sonné pour votre popotin d'effectuer une temporaire retraite médiatique. Vous devrez sérieusement envisager de garder votre slip en place, et votre ceinture de falzar soigneusement attachée quelque temps, avant de vous aventurer à faire à nouveau le spectacle en vous baladant les fesses à l'air, sous peine de vous retrouver la cible de trop violents détracteurs, avec potentielle mise à mort médiatique dans la balance.

En fin de compte, faire tomber votre slip une fois tous les quatre ou cinq passages télé est un bon ratio qui vous permettra de constamment créer l'événement à peu de frais, sans prendre le risque de voir le grand public se lasser trop vite de la vue de votre joufflu.

BONUS :
Déclinaison du cul à l'air – Le nichon fugueur

Contrairement au cul à l'air qui pourra très facilement vous permettre de devenir un bon client, le nichon fugueur fera parler de vous, sans pour autant vous offrir la possibilité d'accéder à ce statut. Vous devrez le combiner avec d'autres techniques afin d'y parvenir.

Si la technique du nichon fugueur est une astuce qui fonctionne pour ce qui est de faire parler de soi ou de réussir un passage dans les médias, contrairement au cul à l'air que vous pourrez réitérer régulièrement, c'est un « one time » à n'utiliser qu'en cas de besoin, dans une période un peu creuse, histoire de vous remettre sur le devant de la scène.

L'intérêt du nichon fugueur est le côté accidentel. C'est ce qui en fait le charme et la saveur. Si cet « accident » venait à se reproduire de façon régulière, les gens finiraient par se douter que vous les prenez pour des idiots et que cet « accident » n'a strictement rien d'accidentel. À vous d'en faire bon usage, de l'utiliser au moment opportun et de le mettre en scène correctement afin d'en retirer le maximum de bénéfices.

AVERTISSEMENT :
Ce qu'il faut savoir de la teub fugitive

Autant pour une femme, le nichon fugueur, c'est une visibilité assurée sans trop de conséquences négatives. Autant sa variante masculine, la teub fugitive, est à proscrire !

Certes, la visibilité est aussi assurée. Par contre, vous signez pour un passage au commissariat, de multiples plaintes pour attentat à la pudeur et un détour devant le juge qui pourrait se solder par de très fâcheuses conséquences.

La teub fugitive a une connotation négative beaucoup plus marquée que le nichon fugueur. Le Code pénal pour preuve.

Si vous ne me croyez pas, tentez l'une et l'autre dans un espace public, et vous verrez par vous-même qu'il y en a une qui va, au pire, vous attirer quelques remontrances et remarques sur votre peu de pudeur, et une autre qui va vous offrir une visite guidée mouvementée du commissariat le plus proche, et quelques semaines au placard, dans des conditions d'hébergement particulièrement déplorables.

Enfermement qui sera d'autant plus douloureux et compliqué à gérer qu'il a de fortes chances de se dérouler dans le bâtiment des délinquants sexuels, et que vous ne pourrez en aucun cas sortir en promenade, sous peine d'exposer votre intégrité physique à une prise de risque inconsidérée.

Donc, même en cas d'absence d'actualité ou de disparition progressive du monde des médias, ne tentez jamais cette technique. Elle ne vous aidera pas à revenir sur le devant de la scène, bien au contraire, elle ne fera qu'accélérer votre chute et sonnera peut-être même le début d'une longue et interminable descente aux enfers dont vous ne vous remettrez jamais.

AVERTISSEMENT : *Ce qu'il faut savoir de la foufoune fugueuse*

Pour celles qui auraient déjà calé un nichon fugueur au cours de leur carrière et souhaiteraient réitérer une campagne sur cette thématique, je ne saurais trop vous conseiller d'éviter la fausse bonne idée qu'est la foufoune fugueuse.

Quand bien même vous seriez grave en galère de notoriété, que vous creviez d'envie d'attirer à nouveau l'attention sur vous, très sincèrement, n'utilisez pas cette combine.

Ou alors, vraiment en dernier ressort, genre opération médiatique de la dernière chance.

Cette technique, même bien exécutée, n'est jamais considérée comme quelque chose de très distingué et va plutôt vous cataloguer dans la catégorie personnalité cheap has been. Et entre le cheap has been et le discount, et le discount et la benne, il n'y a pas forcément beaucoup de distance. Le but, ce n'est pas d'œuvrer à vous en rapprocher, au contraire.

Par contre, si vous sentez qu'on vous pousse vers le recyclage malgré vous, ça peut être une façon efficace de vous dépatouiller de ce bourbier, de faire à nouveau parler de vous et de revenir momentanément sur le devant de la scène.

L'avantage, c'est que la foufoune fugueuse – sauf mise en scène outrageuse et particulièrement choquante –, même si elle est connotée vulgaire, ne vous attirera pas autant d'emmerdements que son homologue masculin, la teub fugitive. Disons qu'elle vous vaudra les foudres des bien-pensants, mais vous préservera de celles de la justice.

À choisir, préférez toujours les manœuvres ayant pour probables conséquences un flot virulent – mais judiciairement inoffensif – de remontrances, à celles pour lesquelles des législateurs se sont cassé le cul des nuits entières à écrire quelques lignes dans le Code pénal. Les gars voudront amortir le temps passé sur la question et ils vous le feront sentir puissamment lors de votre comparution devant le juge.

Je ne peux donc pas proscrire formellement la foufoune fugueuse. Autant que possible, évitez de l'utiliser, mais si vous n'avez pas d'autre choix pour espérer revenir sur le devant de la scène, mon seul conseil serait : prenez rendez-vous dans un institut de beauté et épilez-vous correctement l'antre d'amour avant de vous y aventurer. Quitte à mettre en scène votre minette dans une campagne de communication, autant vous assurer qu'elle soit particulièrement pimpante.

Devenir un bon client – Ce qu'il faut retenir

Pour résumer, voici les grandes lignes à retenir et à garder gravées dans un coin de votre esprit si vous ambitionnez de réussir votre médiatisation et de devenir un bon client.

- Faites des déclarations fracassantes.
- Faites des phrases courtes.
- Créez des clashs.
- Détruisez les plateaux sur lesquels vous êtes invité.
- Partez en cours d'interview.
- Chorégraphiez vos esclandres.
- Ne tabassez pas plus faible que vous.
- Ne vous attaquez pas à plus fort que vous.
- Préparez-vous à avoir un avis sur tout.
- Ne vous embourbez pas dans des thématiques explosives.
- Restez calme face à la démolition de votre travail.
- Souriez même si on vous balance les pires horreurs.

– Soyez le con du dîner de cons.
– Ne rechignez pas à vous foutre le cul à l'air.
– Laissez fuiter un bout de nichon à l'occasion.
– Ne tentez jamais la teub fugitive.
– Ne tentez la foufoune fugueuse qu'en dernier ressort.
– Prenez rendez-vous en institut de beauté avant la mise en place d'une opération médiatique du type foufoune fugueuse.

Devenir un bon client – Conclusion

Révélations fracassantes, avis sur tous les sujets, phrases courtes, attitude décalée, clashs, esclandres, destructions de plateaux, interruptions brutales d'interviews, idiot du village, cul à l'air, nichon fugueur... autant de techniques pour vous permettre de devenir un bon client et faire de vous un invité de choix que les rédactions s'arracheront.

Par contre, comme vous avez pu vous en rendre compte, ces techniques sont des armes redoutables qui, bien utilisées, vous permettront de voir vos rêves de gloire, de visibilité et de médiatisation se réaliser, mais qui, mal appliquées, pourraient vous valoir de coûteux frais de remboursement, de multiples séquelles corporelles, moult tracasseries administratives et de réguliers passages devant les tribunaux.

Dans le doute, pensez toujours à prendre conseil auprès d'un avocat avant de vous aventurer dans un merdier dont vous ne pourrez pas vous dépêtrer.

Conclusion

Avant de vous quitter, je suis obligé de vous mettre en garde au sujet des dangers de la célébrité et des pièges liés à une notoriété rapide et tapageuse.

Nombreux sont les risques capables de vous bousiller âme et ciboulot en moins de temps qu'il ne faut pour le dire, guettant toute personnalité médiatique, mais encore plus les individus dont l'ascension aura été rapide et peu préparée.

Si vous avez suivi mes conseils et réussi à les mettre en œuvre, vous allez certainement vous retrouver, quasi du jour au lendemain, dans une position à forte exposition, où l'on décortiquera le moindre de vos mouvements, et où l'on vous demandera votre avis sur tout et n'importe quoi.

Vous allez être sollicité de toutes parts et devoir enchaîner les plateaux télé, les interviews, les séances photos, les maquillages, les essayages, les sorties mondaines, les bises, les poignées de main, les coupes de champagne, les petits fours, les accolades, les autographes, les faux rires déclenchés sur commande par un chauffeur de salle, les applaudissements ponctuant la moindre de vos phrases, les animatrices belles gosses, les animateurs beaux gosses, les flagorneries de courtisans qui ne vous auraient même pas donné l'heure si vous la leur aviez demandé il y a à peine quelques semaines, lorsque vous n'étiez pas encore sous le feu des projecteurs et rien qu'un quidam parmi tant d'autres…

En l'espace de quelques mois, vous allez passer de « Dégage de mon chemin, sale con » à « C'est un honneur de vous rencontrer, astre glorieux », du statut de sombre trou du cul suintant la défaite, que nul ne calculait, à celui de centre de l'attention transformant tout ce qu'il touche en clics et en or, et dont la vente d'un vieux slip souillé pourrait rapporter des milliers d'euros.

Autant d'ingrédients à haut risque en mesure de vous faire perdre complètement le sens des réalités et de vous inciter à croire que vous êtes désormais tout en haut dans les cieux, une sorte de divinité intouchable et vénérée qui ne peut être que glorifiée et adulée.

Tout cela n'est pas la réalité, ne faites pas l'erreur d'y succomber, vous ne vous en remettriez pas.

Devenir célèbre rapidement : Des nombreux pièges de la célébrité

Si vous parvenez à garder la tête froide et à ne pas oublier qui vous êtes et d'où vous venez, tout se passera pour le mieux, mais si vous veniez à vous faire embarquer par le flot enivrant de ce tourbillon, à tomber dans le piège de cette illusion et à croire en la réalité de décors en carton-pâte, d'une supercherie faite de strass et de paillettes et, peut-être même, de votre propre escroquerie médiatique, alors les dangers qui vous guettent sont nombreux et potentiellement très violents.

Pour n'en citer que quelques-uns très rapidement :

Claquer tout votre nouveau pognon en pensant que l'argent va couler à flots indéfiniment. Renier vos proches. Vous épuiser dans d'innombrables et futiles sorties mondaines. Augmenter dangereusement votre consommation d'alcool. Commencer la drogue. Forcer sur les somnifères. Croire les compliments mielleux et intéressés de divers pique-assiettes professionnels et courtisans de bas étage. Ne plus accepter la contradiction. Négliger la sécurisation de votre avenir. Mépriser les gens. Avoir des comportements odieux et déplacés. Péter plus haut que votre cul. Vous écouter parler et faire des monologues sans fin, entièrement hypnotisé par le son de votre propre voix. Finir par estimer que vous êtes réellement une sorte de divinité et que tout ce qui vous arrive est un dû. Vous persuader que la chance n'a strictement rien à voir dans votre soudaine réussite, que vous en êtes l'unique responsable, fait à la seule force de votre poignet. J'en passe et j'en oublie. La liste est immense.

Afin de vous permettre d'inscrire votre présence médiatique sur le long terme, nous allons nous pencher sur quelques-uns des pièges liés à une éclosion rapide et à une soudaine réussite, les plus courants et dangereux.

PIÈGE N° 1 :
RENIER VOS PROCHES TROP RAPIDEMENT

Renier votre famille, vos proches et anciens amis dès votre premier mini-succès, alors que ce seront très certainement les seuls prêts à accepter de vous récupérer une fois votre quart d'heure de gloire évaporé, n'est sans doute pas un calcul très malin. Au pire, s'ils vous ont vraiment pourri la vie par le passé et que vous envisagez sérieusement de couper définitivement les ponts avec eux, prenez le temps de leur trouver des substituts avant de passer à l'acte.

Malgré tout, je vous déconseille toute rupture définitive. Qui sait de quoi demain sera fait ? Instaurer une certaine distance sans rompre irrévocablement est un bon compromis.

PIÈGE N° 2 :
LE SYNDROME D'INVINCIBILITÉ

Ne laissez pas deux succès vous monter à la tête et mettre en péril tous vos efforts.

Certes, parvenir à atteindre ses objectifs est chose louable, mais ne prenez pas pour acquis ou pour le fruit de votre seul acharnement des réussites qui ne se résument peut-être qu'à un immense coup de chance et à un cul momentanément bordé de nouilles.

La vie peut parfois être farceuse et adepte d'une certaine forme d'humour particulièrement cruelle. Tout au long de l'Histoire, le nombre de ceux à qui elle a repris, en un claquement de doigts, tout ce qu'elle leur avait auparavant donné, serait en mesure de peupler plusieurs planètes. Vous pouvez être satisfait de vos accomplissements, mais ne laissez pas votre fierté devenir pernicieux orgueil. Restez humble, ne perdez jamais de vue la petitesse de l'homme face à l'immensité de la vie, et le fait que « sur le plus haut trône du monde, on n'est jamais assis que sur son cul ».

PIÈGE N° 3 :
DILAPIDER TOUT VOTRE POGNON

Passer du statut de « sans-thune » à celui de « blindé-de-flouze » est certainement une chose en mesure de flinguer les convictions du plus tempéré des hommes. Pour autant, ne faites pas l'erreur de croire que votre succès sera éternel et que le pognon continuera à couler à flots indéfiniment.

Profitez-en, faites-vous plaisir, mais gardez en tête l'exemple de la cigale et ne répétez pas ses égarements. Arrangez-vous pour ne pas vous retrouver fort dépourvu lorsque la bise fera son apparition.

PIÈGE N° 4 :
SUCCOMBER À LA FLATTERIE

Une fois sous les projecteurs, le nombre de margoulins qui vont tenter de vous emberlificoter avec de la flatterie et du miel plein la gueule, qui vont passer leur temps à vous soutenir des conneries du type « si votre ramage se rapporte à votre plumage », vous dire et vous répéter que vous êtes merveilleux, drôle, spirituel… va tout bonnement exploser.

Laissez-les causer si vous ne pouvez les esquiver, et profitez de ces séances d'anulingus pour panser les blessures d'un passé chaotique, mais ne faites pas la bêtise d'y croire. Et surtout, prenez soin de bien vous accrocher à votre frometon si vous ne souhaitez pas voir votre magot changer de proprio.

Piège n° 5 : Ne pas savoir changer de vitesse

Autant, quand vous êtes inconnu, vous n'avez pas vraiment de limites à avoir, en dehors de celles imposées par le Code pénal et de votre capacité à encaisser critiques et moqueries. Autant, une fois connu, ce ne sera plus la même chose.

Plus vous allez vous élever, plus vous serez observé, épié, jalousé, et moins on vous pardonnera vos faux pas.

Vous devrez répondre de la moindre de vos erreurs. Vous devrez vous justifier du moindre écart. Présenter des excuses à la terre entière comme si c'était tous des membres de votre famille à qui vous aviez directement porté préjudice, pendant qu'eux se garderont bien de vous rendre des comptes. Parfois, des choses parfaitement anodines, amplifiées par la puissance des réseaux sociaux, pourront prendre des proportions absolument ahurissantes, et mettre votre carrière en danger.

Il n'est pas non plus impossible, et même fort probable, que l'on commence à vous reprocher ce qui aura fait votre succès, que l'on ne cesse de vous répéter que vous ne pouvez plus dire telle ou telle chose, plus faire telle ou telle chose, que ce n'est pas « bien », que vous vous devez d'être un exemple.

Quand cette situation arrivera, vous serez dans une position délicate et confronté à deux principaux dangers.

Danger n° 1 : Ne pas écouter le mécontentement naissant et prendre le risque de voir l'opinion publique se retourner violemment contre vous, puis vous clouer au pilori.

Danger n° 2 : Trop écouter le mécontentement naissant, devenir timide, craintif, statique, prendre le risque de ne plus en prendre, et fuir tout ce qui aura fait votre succès et permis de sortir de l'anonymat.

Mon conseil : Soyez à l'écoute, sachez vous adapter et apprenez à changer régulièrement de vitesse. Essayez d'être maître du tempo, d'alterner puissantes accélérations, rythme soutenu et vitesse de croisière, frénésie, calme et retrait... le tout, en fonction de vos besoins médiatiques, de votre forme, de votre humeur, de l'air du temps et de votre marge de manœuvre vis-à-vis de l'opinion publique et de la justice.

PIÈGE N° 6 :
SOMBRER DANS LE PREMIER DEGRÉ

Si je ne devais véritablement évoquer qu'un seul piège lié à la notoriété et à la réussite en général, le pire danger qui vous guette, c'est le premier degré. C'est vous-même.

C'est de finir par croire à toutes les conneries que vous racontez et de vous prendre au sérieux. D'oublier que vous n'êtes qu'un homme faillible et pas un surhomme invincible. Un étranger dans un milieu qui ne vous accueille pas, mais auquel vous vous êtes imposé, qui ne vous apprécie pas spécialement, mais vous accepte momentanément. Ne perdez pas de vue que « qui n'est que toléré ne prend pas racine ». Ne l'oubliez jamais et agissez en conséquence.

Naturellement, nous avons tous tendance à croire que notre avis vaut quelque chose et même, bien pire que ça, qu'il est le bon. Supérieur à celui des autres.

Au fond de nous, nous ne pouvons nous empêcher d'être persuadés d'être des génies méconnus ou incompris, d'avoir raison, d'être plus malin que tous les autres et de nous y connaître sur tous les sujets mieux que tout le monde… ce qui est assez drôle, quand on regarde les bordels dans lesquels nous sommes bien souvent plongés et les nombreuses emmerdes au milieu desquelles on se débat et surnage difficilement. Malgré cela, c'est plus fort que nous. Pour tous les sujets, dans tous les domaines, on sait toujours tout mieux que tout le monde.

Sélection de l'équipe nationale, politique du nouveau gouvernement, réalisation et casting du dernier blockbuster hollywoodien, éducation des gosses des autres… nous aurions pu faire largement mieux que les incapables chargés de ces dossiers.

Et si parfois cela peut être vrai, parce que nous sommes tous en mesure d'avoir d'excellentes idées, il faut malgré tout se méfier de cette petite voix prétentieuse et arrogante qui nous pousse à nous croire supérieurs en tout et à tous.

C'est bien d'avoir de l'ambition, de vouloir faire mieux, faire plus, mais un brin de sagesse recommande de ne pas laisser la fatuité et la morgue nous guider.

En plus d'être de très mauvaises conseillères, elles sont des pièges dont il est dur de s'extirper. Et avec un début de notoriété, ça ne sera pas difficile de vous faire embobiner par cette doucereuse mélodie.

Un peu de distance, d'humilité et d'autodérision sont des remèdes efficaces au premier degré.

AVERTISSEMENT : Si vous commencez à parler de vous à la troisième personne et à causer de votre parcours comme si c'était la plus belle chose sur Terre depuis la Création, c'est que le moment est peut-être venu pour vous de faire une pause et de souffler un peu, histoire de vous régénérer.

Partez quelques jours à la campagne ou dans un monastère, le temps de profiter des nombreux bienfaits du silence, de redescendre de votre nuage et de vous ancrer à nouveau dans la réalité. Le plein air et le contact avec la nature sont toujours de bonnes choses après une période d'égarement.

PIÈGE N° 7 :
LE PÉRILLEUX DANGER DES CONVICTIONS

Dans la continuité du piège précédent, concernant le risque de sombrer dans le premier degré, je ne saurais trop vous mettre en garde contre le périlleux danger des convictions.

C'est louable de vouloir être quelqu'un de bien, d'envisager d'utiliser votre notoriété naissante comme une tribune afin de faire passer des messages, de lutter pour réformer la société, de vous engager, de vous afficher publiquement avec des hommes politiques, de prendre part à des combats sociaux, de tenter de changer le monde, de l'améliorer… néanmoins…

MONUMENTALE ERREUR ! GROSSIÈRE CONNERIE ! PHÉNOMÉNAL ÉGAREMENT ! TERRIFIANTE DIVAGATION !

Encore une fois, je vais devoir endosser mon costume de merde intersidérale faisant passer le dernier des chiens galeux pour un enfant de chœur, mais pour votre bien, j'y suis obligé.

Je me dois de vous rappeler qu'en vous engageant dans cette voie, celle des convictions, vous prenez le risque de vous éloigner dangereusement et définitivement de ce pour quoi vous vous êtes si ardemment battu, et de vous retrouver cul nu, sans plus une thune et à tout jamais grillé.

Vous venez de nulle part, vous sortez du caniveau, vous êtes un ancien gueux, vous êtes là pour briller, panser les plaies d'une enfance meurtrie, devenir célèbre rapidement, engranger des contrats publicitaires juteux, brasser un max de flouze… pas pour foutre en surchauffe neuronale les braves gens qui allument leur télévision uniquement pour se détendre et se distraire un peu après une dure journée de labeur, ni même pour finir les deux pieds dans un bloc de ciment et établir domicile au fond d'un lac, de la mousse plein la gueule et la carcasse éventrée transformée en refuge pour coquillages, très habilement suicidé d'une balle de fusil longue portée dans le dos.

Après, libre à vous d'abandonner ce qui aura fait votre succès, de vous détourner des recettes simples et efficaces abordées dans ce livre, de passer outre mes conseils et de contraindre les honnêtes citoyens qui assisteront à vos apparitions médiatiques à devoir gober vos inévitables diatribes et vos interminables discours… Libre à vous de les mettre face à leurs contradictions, de les interroger sur la société dans laquelle ils vivent, les inégalités qu'elle génère et le fossé grandissant entre les riches et les pauvres, ou sur la destruction de la planète et de ses ressources, et les conséquences de notre mode de vie ultra-industrialisé, énergivore et néfaste… Mais ne venez pas pleurer si les résultats ne sont pas ceux que vous aviez espérés et sont même complètement contraires à ceux que vous aviez imaginés.

Agir de la sorte, c'est prendre le risque de foutre des crises d'angoisse à votre public qui ne souhaite rien d'autre qu'être diverti et passer un bon moment. C'est prendre le risque de vous mettre à dos une importante partie des grandes marques qui ne voudront jamais d'un casse-couilles moralisateur dans votre genre comme effigie, et vous retrouver sans plus une thune en poche, ni notoriété ou soutien de qui que ce soit.

DEVENIR CÉLÈBRE RAPIDEMENT : PRÉVENEZ TOUS RISQUES D'ÉGAREMENT

Vous êtes là pour devenir célèbre rapidement, pas pour devenir un combattant révolutionnaire, alors ne vous trompez pas de bataille. Sans compter que si vous aviez dû être une figure contestataire, vous auriez probablement entamé votre carrière en prenant le maquis, pas en faisant des vidéos dans votre chambre.

Par pitié, ne laissez pas le succès vous monter à la tête et vous faire croire que vous êtes devenu quelqu'un que vous n'êtes pas, n'avez jamais été et ne serez probablement jamais.

Si une fois morts de nombreux insurgés sont devenus de gros vendeurs de livres, de posters, de mugs, de casquettes et de tee-shirts, ne faites pas l'erreur de présumer que ça a été une réalité de leur vivant. Ce que j'ai retenu de la lecture des récits consacrés à ces figures flamboyantes, c'est qu'aucun prophète, guérillero et/ou révolutionnaire, n'a décroché le moindre contrat publicitaire pour écouler des slips ou du shampoing, ni même réussi à vendre le moindre produit dérivé à son effigie de son vivant.

C'est très souvent seuls, sans une thune en poche et de façon expéditive et violente qu'ils sont morts. Rarement pleins de flouze, repus et de vieillesse.

Gardez bien présent à l'esprit que, concernant toutes les thématiques à base de fortes revendications et de révolutions, c'est seulement une fois mort et sans royalties à reverser à leur auteur que le business devient florissant.

Lorsque l'on parvient à faire dire au défunt ce que l'on souhaite, à vider sa pensée de toute substance subversive et à accommoder son discours révolutionnaire à toutes les sauces. En gros, une fois qu'il n'est plus là pour renverser la table, pointer du doigt des coupables, casser les couilles ou faire main basse sur tout ou partie du magot.

Alors, faites bien vos calculs avant de vous embarquer dans une voie sans issue.

Si l'idée de départ, c'est de devenir célèbre rapidement et de fourguer des fringues, des mugs, de la pâte à tartiner, du parfum, du déodorant et toutes sortes de choses dans le genre, ne vous laissez pas embarquer par vos pseudo-convictions, sous peine de ne pas pouvoir profiter des bénéfices.

Au pire, vaut mieux ne rien dire.

Si l'on vous pose une question politique ou que l'on vous somme de prendre parti sur un sujet particulièrement sensible et épineux, prenez un air sérieux et mystérieux, et enchaînez les lieux communs à base de : « La guerre, c'est mal. Le mal, ce n'est pas bien. Le bien, c'est ce qu'il y a de mieux. »

Ce n'est pas bien brave ni original, mais vous ne prenez aucun risque et vous préservez ainsi toutes vos chances de devenir le futur portemanteau de grandes marques.

Évitez formellement les conneries du genre : « Notre pays devrait avoir honte de vendre des armes à des groupes qui font régner la terreur à l'autre bout de la planète et forment des apprentis terroristes qui viennent ensuite commettre leur forfait sur le sol de notre belle nation. »

DANGER ! HORS SUJET ! ALERTE BLACK LIST ! EN ROUTE POUR L'ANONYMAT !

DEVENIR CÉLÈBRE RAPIDEMENT : LONGÉVITÉ VS INTÉGRITÉ

Si, par malheur, la veille d'une interview initialement dédiée à la promotion de votre travail, vous vous retrouviez à mater un reportage venant brusquement éveiller votre conscience politique ou écologique, annulez votre entretien et demandez à le reporter à plus tard.

Laissez s'écouler une semaine ou deux avant d'accepter de vous retrouver à nouveau avec un micro entre les mains, le temps d'oublier toutes ces images qui auraient pu vous chambouler. Avec de tels sujets, en lieu et place de votre speech promotionnel, il y a de fortes chances pour que vous ne fassiez rien d'autre que vous griller dans le métier, et foutre à la benne des mois de dur labeur.

Les lanceurs d'alerte à base de : « Si on continue comme ça, dans moins de cent ans, la planète sera inhabitable et on va tous mourir dans d'atroces souffrances, car nous sommes des bestioles égoïstes et destructrices, des gloutons consommant les ressources de notre magnifique terre d'accueil comme d'immondes boit-sans-soif, irrespectueux et inconscients », font rarement long feu. Ce type de violente diatribe, ça va éventuellement passer une fois, en période électorale, quand il est plus ou moins toléré de s'indigner, mais pas plus.

Non seulement leurs auteurs sont considérés comme des rabat-joie qui plombent l'audimat, mais aussi comme des malotrus que l'on inviterait gentiment chez soi, et qui prendraient la parole sans qu'on la leur ait donnée pour montrer du doigt l'hôte des lieux et lui mettre le nez dans sa merde. Même en ayant parfaitement raison, même en avançant de brillants arguments... à part un sadomasochiste hardcore particulièrement friand d'humiliation, et dont le passe-temps favori est de se faire goder le fion par sa secrétaire sous le nez de ses amis, personne ne vous invitera jamais plus.

Mon conseil : Si vous souhaitez vraiment être porteur d'un message et vous draper de l'aura d'une personnalité engagée, préférez la cause animale. C'est beaucoup mieux, les animaux.

Tout le monde sera d'accord pour dire que l'abandon d'un chiot, le massacre des bébés phoques ou des bébés baleines sont des actes absolument ignobles qui devraient être sévèrement sanctionnés.

Malgré tout, prenez garde.

Il y avait un piège dans ce que je viens d'énoncer, et si vous ne l'avez pas remarqué, c'est que vous devez encore bosser pour élever votre jeu à un niveau supérieur. Sans quoi, vous ne parviendrez pas à faire long feu et serez vite submergé par des polémiques qui vous dépassent totalement.

Les chiots abandonnés, ça, c'est bien.

Les bébés phoques et les bébés baleines, ça, c'était un piège.

Abordez ces sujets, et, immanquablement, ça va partir en couille. Sans même vous en rendre compte, en moins de deux questions et en à peine quelques secondes, vous allez vous embarquer dans de véhémentes accusations contre l'industrie des cosmétiques ou les géants de l'agroalimentaire.

Autant vous dire que vous n'aurez plus la moindre chance de devenir l'égérie d'aucune marque de ces secteurs après une telle sortie de route. Bye bye, bon nombre de juteux contrats… Bonjour, procès pour diffamation, insulte et/ou calomnie.

Si vous ne souhaitez pas vivre ce type de mésaventure, gardez toujours à l'esprit que si les bébés baleines, les bébés phoques et toutes les autres causes et bestioles dans le genre qui pourraient vous tenir vachement à cœur, c'est super mignon… en fin de mois, ce ne sont pas eux qui paieront vos factures. Ils ne contribueront même pas un peu en guise de remerciements pour tous vos efforts. Vous n'en verrez pas un seul se pointer avec un chariot plein, pour remplir votre frigo vide. Ne l'oubliez jamais si vous ne souhaitez pas vivre des fins de mois particulièrement difficiles, à ne bouffer que des bouillons d'ongles de pieds.

Dans le meilleur des cas, vos convictions vous coûteront un max de pognon ; dans le pire, elles provoqueront votre perte.

Si vous ambitionnez une longue, prolifique, mais surtout très lucrative carrière, n'en ayez pas, ou limitez-les à des sujets fédérateurs et anodins. Si vous ne pouvez vraiment pas vous en empêcher, prenez parti uniquement en faveur de causes inoffensives et unificatrices, plébiscitées par le grand public et au sujet desquelles aucun lobby ne pourra vous reprocher votre engagement ni vous sanctionner financièrement.

D'un autre côté, la notoriété, la richesse et la longévité ne valent peut-être pas toutes les compromissions.

Si être célèbre implique de renier tous vos idéaux, il va sans dire que vous allez troquer tranquillité d'esprit, qualité de sommeil et capacité à vous regarder sereinement dans le miroir contre quelques babioles superflues et autres colifichets clinquants, qui ne seront jamais en mesure de vous permettre de racheter paix intérieure et estime de vous-même.

Le jeu n'en vaudra donc pas la chandelle.

À partir de là, à vous de voir ce qui, de votre besoin de reconnaissance ou de vos convictions, est le plus important, et dans quelle mesure il vous est possible de combiner les deux sans vous faire une déchirure aux adducteurs ou vous casser salement la gueule depuis les hautes cimes de la célébrité.

Un juste équilibre est toujours envisageable, mais comme tous les numéros de voltige, ça ne sera pas sans risques.

Maintenant que vous savez à quoi vous attendre, il vous sera sans doute plus facile d'y faire face, et il ne vous reste plus qu'à vous entraîner pour y parvenir.

Les pièges de la célébrité – Ce qu'il faut retenir

Pour résumer, voici les grandes lignes à retenir et à garder gravées dans un coin de votre esprit si vous ambitionnez de voir votre carrière s'inscrire sur le long terme.

– Ne sous-estimez pas le facteur chance dans votre réussite.
– Ne prenez pas votre réussite pour acquise.
– Gardez en tête que tout peut s'arrêter très vite.
– L'usage de la 3e personne est signe d'intense fatigue.
– Ne reniez pas vos proches trop rapidement.
– Ne succombez pas au syndrome d'invincibilité.

- Ne dilapidez pas tout votre pognon.
- Ne succombez pas à la flatterie.
- Sachez changer de vitesse.
- Ne sombrez pas dans le premier degré.
- Prenez garde à vos convictions.

Devenir célèbre rapidement – Conclusion

Après avoir abordé différentes manières de faire le buzz et d'attirer l'attention sur soi, vu comment réussir sa médiatisation, devenir un bon client, et fait le tour des pièges liés à une notoriété rapide, il ne me reste plus qu'à vous souhaiter bonne chance et à vous faire part de mes sincères vœux de succès et de réussite.

Afin d'être le plus efficace possible dans votre quête, ne vous contentez pas de reproduire mes conseils et de répéter mot pour mot les exemples cités tout au long de ce livre.

Utilisez-les, inspirez-vous-en, remixez-les, faites-les vôtres, servez-vous-en comme modèles pour en créer des sur-mesure… vous serez ainsi encore plus performant, surprenant et efficace.

Mon livre n'a pas pour objectif de vous servir une vérité toute prête, gravée à jamais dans la roche. N'en faites pas un livre de recettes à reproduire bêtement.

Servez-vous-en comme base pour créer votre propre tambouille ! Voyez-le comme une source d'inspiration ! Utilisez-le comme un outil conçu pour vous permettre de développer un état d'esprit propice à la conquête de la célébrité, dans l'époque qui est la nôtre. À vous de l'utiliser selon vos envies, vos capacités et vos limites.

N'hésitez pas à le consulter régulièrement et à y picorer des passages en fonction de vos besoins.

S'il le faut, faites-en votre livre de chevet, gardez-le constamment à portée de main. Agir ainsi vous permettra de toujours avoir ses précieux conseils bien présents à l'esprit, et de combiner efficacement ascension professionnelle rapide et prestigieuse, respect du Code pénal et relation sereine et pacifiée avec le système judiciaire de votre pays.

Et voilà, c'est ici que se termine ce livre.

Si, avant de vous quitter, je devais vous faire une dernière recommandation, ce serait : faites-vous plaisir !

Quoi qu'en disent certains grincheux, la poursuite de la célébrité est une quête comme une autre, pas plus vaine, futile ou inepte que bien d'autres. Malgré tout, n'oubliez jamais qu'elle reste une notion étrange et déroutante, capable de couronner horribles faussaires, détestables margoulins et escrocs de la gloriole, tout en dédaignant royalement les plus méritants. Ne lui accordez donc pas plus d'importance qu'elle ne vous en accorde.

En agissant ainsi, vous vous protégerez de ses effets pervers et vous vous concentrerez sur ce qu'il y a peut-être de plus précieux : le plaisir de faire et le goût du partage.

Printed by Amazon Italia Logistica S.r.l.
Torrazza Piemonte (TO), Italy

11762921R00096